PRAKTISCHE AROMATHERAPIE

W0098367

Shirley Price

SHIRLEY PRICE

PRAKTISCHE AROMATHERAPIE

Vitalität und Lebensfreude durch ätherische Öle

Die Praxis der Aromatherapie – eine Einführung. Wie die Aromatherapie zur Wiederherstellung und Erhaltung der Gesundheit beitragen, und wie die heilsame Wirkung ätherischer Öle Ihnen und anderen zugute kommen kann.

Urania Verlags AG

Der Titel der bei **Thorsons Publishing Group Ltd.** erschienenen
englischen Originalausgabe lautet: **Practical Aromatherapy.**
Aus dem Englischen übersetzt von Hans Finck.

1. Auflage: 1. bis 5. Tausend 1988
2. Auflage 6. bis 10. Tausend 1990
3. Auflage 11. bis 15. Tausend 1991

ISBN 3-908644-56-9

Urania Verlags AG, CH-8212 Neuhausen
Gesamtherstellung: Schneelöwe, Aitrang

Printed in Germany

Inhaltsverzeichnis

Danksagungen

Ich möchte meinem Mann Len danken, ohne dessen Geduld und Verständnis dieses Buch nie entstanden wäre. Außerdem möchte ich denen danken, die mich mit der Aromatherapie bekannt gemacht und dabei meine Neugier und meinen Forschungsdrang stets ermutigt haben: Elisabeth Jones, Professor Arnould-Taylor, Eve Taylor und Robert Tisserand.

Anmerkung der Verfasserin

In diesem Buch ist u.a. von der inneren Anwendung von Essenzen die Rede. Viele Menschen wenden Essenzen innerlich an, und das mit großem Erfolg. Deshalb gebe ich in diesem Buch Hinweise zur richtigen Dosierung in Mengen, die normalerweise gefahrlos verwendet werden können. Letztlich aber muß jeder Mensch selbst entscheiden, ob er Essenzen innerlich anwenden will oder nicht. Ich meine, daß man Essenzen nur unter fachkundiger Beratung und Begleitung innerlich anwenden sollte. Auch ist es bei jeder Art von Aromabehandlung außerordentlich wichtig, daß man nur reine und natürliche Essenzen von namhaften Herstellern verwendet und niemals synthetische Duftstoffe.

Einleitung

Die Aromatherapie ist eine Behandlungsmethode, bei der es um den sachgemäßen Gebrauch und die richtige Anwendung ätherischer Öle geht, die aus Pflanzen gewonnen werden. Das Wort „Aroma" bedeutet ursprünglich Duft oder Wohlgeruch, zart und doch durchdringend, so wie der Duft von Pflanzen, Gewürzen und anderen Substanzen. Der Begriff „Therapie" ist gleichbedeutend mit Heilbehandlung.

Der Duft einer Pflanze ist nichts anderes als ihr ätherisches Öl beziehungsweise ihre *Essenz*. Folglich ist die Aromatherapie eine Behandlungsform, die mit Essenzen arbeitet. Jetzt wissen Sie, was Aromatherapie bedeutet und sind doch nur wenig klüger. Erst wenn man mehr über Gewinnung und Wirkungsweise der Essenzen weiß, kann man die Bedeutung der Aromatherapie in vollem Umfang begreifen und anschließend die verschiedenen Techniken lernen, mit denen die ätherischen Öle wirkungsvoll zur Behandlung eingesetzt werden können.

Was sind Essenzen?

Jedes lebendige Ding hat eine Lebenskraft, eine Energie oder eine „Seele". Diese Lebenskraft kann man nicht anfassen oder sehen. Es ist diese Lebenskraft, die in uns Menschen ehrfürchtiges Staunen weckt, wenn wir aufhören, über die Eigenarten unseres eigenen Körpers nachzudenken. Und es ist diese Lebenskraft, die unseren Willen zur Genesung stärkt, wenn unser Gesundheitszustand einmal schlecht ist.

Auch die Lebenskraft einer Pflanze kann man nicht sehen oder berühren, aber es heißt, sie sei im ätherischen Öl oder in der Essenz der Pflanze enthalten. Die Essenz ist das „Herz" einer Pflanze und kommt nur in sehr geringen Mengen vor (manchmal nur ein hundertstel Prozent). Durch die Aromatherapie führen wir dem Körper diese pflanzliche Lebenskraft zu, wobei jede Essenz ihre ganz eigene heilsame Wirkung auf bestimmte Teile des Körpers und der Körpersysteme hat.

Man hat die Essenzen auch die Hormone der Pflanzen genannt. Der Vergleich ist naheliegend, denn auch wir Menschen produzieren das ganze Leben lang Hormone, wir können ohne sie nicht leben, und ihre Menge würde nicht einmal einen Fingerhut füllen! Ebenso benötigt man mindestens zehn große Eimer voll Orangenblüten, um nur einen Fingerhut Neroli-Essenz zu gewinnen. Und wie unsere Drüsen verschiedene Hormone mit verschiedener Wirkung auf den Körper produzieren, so rufen auch die Hormone der Pflanzen verschiedene Wirkungen hervor, wenn man sie richtig anwendet.

Wegen dieser scheinbar mystischen Qualität betrachten viele Menschen unserer Zeit die medizinische Verwendung der Pflanzenöle mit Skepsis. Aber wir wissen nicht nur aus der Medizingeschichte, daß Pflanzen und ihre Essenzen lange Zeit die einzigen verfügbaren Heilmittel für Kranke waren. Und in der letzten Zeit hat sich in vielen Untersuchungen von Ärzten und Chemikern gezeigt, daß unsere Vorfahren sehr wohl wußten, was sie taten.

Die Geschichte der Aromatherapie

Die ältesten geschichtlichen Zeugnisse, in denen von der Anwendung duftender Öle auf den Körper die Rede ist, datieren aus der Zeit um 2000 v. Chr. und früher. In der Bibel finden sich Berichte über die Verwendung von Pflanzen und deren Ölen zu medizinischen und religiösen Zwecken. In Ägypten war der Gebrauch von Pflanzenölen weit verbreitet, sowohl als Kosmetik wie auch zum Einbalsamieren der Toten, um den Verwesungsprozeß aufzuhalten. In China kannte man die Öle wahrscheinlich noch früher, dann verbreiteten sie sich nach und nach bis zu den Griechen und Römern, die schließlich die Idee nach Britannien mitbrachten.

Das früheste schriftliche Zeugnis von ihrer Anwendung in England stammt aus dem dreizehnten Jahrhundert. In der Folge nahmen die Herstellung der Öle und ihre praktische Anwendung immer mehr zu. Handschuhmacher parfümierten ihre Handschuhe mit ätherischen Ölen, um den Körpergeruch der Trägerin oder des Trägers zu überdecken, und zur Zeit der großen Seuchen des Mittelalters war es allgemein bekannt, daß Parfümhersteller kaum einmal den Krankheiten erlagen. Denn fast alle Essenzen haben eine deutlich antiseptische Wirkung. Nicholas Culpepers Kräuterbuch, das kürzlich neu aufgelegt wurde, ist ursprünglich im Jahre 1652 entstanden. Das Werk enthält detaillierte Angaben zur Heilwirkung Hunderter von Pflanzen.

Im neunzehnten Jahrhundert jedoch begannen Chemiker, die Essenzen chemisch nachzuahmen. Diese Imitationen waren zwar in der Herstellung weit billiger, konnten aber nur als Parfüms, nicht als Heilmittel verwendet werden. Später experimentierte man mehr und mehr mit Chemikalien und versuchte, die medizinischen Eigenschaften der Öle nachzuahmen und war damit schließlich so erfolgreich, daß die Pflanzen und ihre therapeutischen Eigenschaften fast in Vergessenheiten gerieten.

Der Anfang des zwanzigsten Jahrhunderts allerdings brachte erneutes Interesse an natürlichen Erzeugnissen und Heilverfahren, vielleicht weil viele der synthetischen Mittel unerwünschte Nebenwirkungen hatten. Reine Pflanzenessenzen haben solche Nachteile nicht, deshalb werden sie heute wieder in großem Umfang in Nahrungsmitteln, Kosmetika und Heilmitteln verwendet.

Bei seinen Experimenten mit Kosmetika entdeckte der Chemiker Gattefossé (er schrieb das erste moderne Buch über Aromatherapie) ein wunderbares Heilmittel für Verbrennungen. Er hatte sich bei der Arbeit im Labor die Hand ziemlich schwer verbrannt. Da gerade Lavendelöl bereit stand, tauchte er seine Hand in die reine Essenz. Die Verbrennung heilte in kürzester Zeit – innerhalb weniger Stunden – und hinterließ keine Narben. Während des Ersten Weltkrieges experimentierte er auch an verwundeten Soldaten und entdeckte dabei Öle, die den Heilungsprozeß deutlich beschleunigten.

Seine Arbeit zeigte, daß ätherische Öle durch die Haut dringen und über die Flüssigkeit zwischen den Zellen in die Blut- und Lymphbahnen gelangen können und so schließlich die verschiedenen

Organe erreichen. Die Dauer dieses Vorgangs ist bei allen Menschen unterschiedlich, manchmal dauert es nur eine halbe Stunde, manchmal bis zu zwölf Stunden. Die Haut selbst allerdings ist schon nach wenigen Minuten durchquert.

Auch der französische Arzt Jean Valnet hat mit Essenzen experimentiert und viele seiner Patienten mit dieser Methode behandelt. Von seinem Buch über Aromatherapie gibt es jetzt eine englische Übersetzung. Zu seinen bevorzugten Methoden gehören Kompressen mit ätherischen Ölen auf dem angegriffenen Körperteil, weil so die Öle am schnellsten in den Körper eindringen. Einmal behandelte er damit einen jungen Mann, der bei einer Verbrühung in der Kindheit Narben davongetragen hatte, und nach einigen Anwendungen waren die Narben stark zurückgegangen und kaum noch zu entdecken.

Die vor einigen Jahren verstorbene Madame Maury (Frau eines bekannten Homöopathen) war Biochemikerin mit einem besonderen Interesse an Schönheitsbehandlungen. Sie leistete ebenfalls Forschungsarbeit auf dem Gebiet der ätherischen Öle und entwickelte die Massagetechniken, die zur Aromatherapie gehören. Andere Anwendungsformen (so die innere Anwendung) überließ sie der homöopathischen Medizin.

Schließlich wurde Madame Maury überredet, nach England zu kommen. Sie eröffnete in London eine Klinik für Aromatherapie und gab auch Unterricht.Da sie ihr Wissen vorwiegend an Kosmetikerinnen weitergab, wenden heute sehr viele von ihnen die Aromatherapie an und es gibt auch einige hervorragende Lehrer auf diesem Gebiet. Zu ihren Schülern gehören nicht nur Kosmetikerinnen, sondern Menschen aus allen Bereichen der Medizin: Akupunkteure, Osteopathen, Krankenschwestern und Krankenpfleger, Physiotherapeuten, Reflexzonentherapeuten, Kräutermediziner und auch Schulmediziner, die nicht so viele überflüssige Medikamente verschreiben wollen.

1.

Was Aromatherapie für Sie persönlich bedeuten kann

In alten Zeiten gingen die Menschen im Osten nicht zum Arzt wenn sie krank, sondern wenn sie *gesund* waren. Wenn sie dann kurz nach dem Arztbesuch krank wurden, und der Arzt die Krankheit nicht vorhergesehen hatte, bezahlten sie seine Rechnung nicht! Damals waren die Ärzte meistens Akupunkteure, die die Körpersysteme gesund *erhielten*, indem sie regelmäßig alle Druckpunkte am Körper stimulierten und so eine gute Blut- und Lymphzirkulation sicherstellten.

Dieses Denken ist nach wie vor richtig. Wenn unser Blut stets ungehindert zirkulieren könnte, und sich die Lymphflüssigkeit mit der richtigen Geschwindigkeit durch den Körper bewegen könnte, dann gäbe es weit weniger Krankheiten.

Doch nur bei wenigen von uns arbeitet der Kreislauf optimal. Warum?

Es liegt daran, daß wir alle es irgendwie fertigbringen, Spannungen in unserem Körper zu produzieren, Spannungen physischer Art und auch gefühlsmäßige. Es bietet schon das moderne Leben unseren Muskeln nur wenig Gelegenheit, in Form zu bleiben, aber wir sitzen auch noch mit verbogener Wirbelsäule, wir gehen nicht richtig und im Stehen belasten wir mal ein Bein, dann das andere, und nicht beide gemeinsam.

Das hat zur Folge, daß die Muskeln ständig „Überstunden" machen müssen, um uns in diesen „legeren" Positionen zu halten; Organe und Gewebe schieben sich an die falsche Stelle; Druck entsteht, wo keiner sein sollte. Als Ergebnis haben es Blut und Lymphflüssigkeit schwerer, gleichmäßig zu zirkulieren, und die Giftstoffe und Schlacken in Venen und Lymphbahnen können nicht schnell genug abtransportiert werden. Also lagern sie sich im Gewebe ab und verursachen dort organische Störungen.

Wesentlich ernster sind die Folgen unserer gefühlsmäßigen Spannungen. Herzkrankheiten und hoher Blutdruck werden zwar manchmal durch falsche Ernährung hervorgerufen, viel öfter jedoch werden sie von Faktoren wie z.B. dem Straßenverkehr verursacht. Wer täglich auf dem Weg zur Arbeit zweimal eine Großstadt durchqueren muß, steht mehr unter Druck, als man sich gemeinhin klarmacht. Auslöser können auch beruflicher Streß oder die alltäglichen Sorgen sein, mit denen manche Menschen anscheinend nicht gelassen umgehen können.

Auch der natürliche Alterungsprozeß hat Einfluß auf den Blutkreislauf. In der Jugend, wenn wir noch wachsen, sterben in jedem Bereich des Körpers ständig Zellen ab und werden erneuert. Jede Zelle eines jeden Knochens, Muskels oder Nervs, jeder Blutstropfen – alles wird ständig ersetzt. Alle Organe, auch die Haut, gehen durch diesen niemals endenden Prozeß der Erneuerung.

Mit zunehmendem Alter werden die abgestorbenen Zellen der Haut nicht mehr so schnell abgestoßen, die Schlacken nicht mehr so schnell beseitigt, Bildung und Wachstum neuer Zellen dauern länger. Die Regeneration des Zellgewebes verlangsamt sich, alle Körperfunktionen ebenso, und wir bekommen das zu spüren: Als Energielosigkeit, möglicherweise als Verstopfung, als Verlust des Muskeltonus, die Haut verliert ihre Straffheit und nimmt oft eine blasse Farbe an.

Es ist heute allgemein anerkannt, daß unsere seelische Situation unser körperliches Befinden beeinflußt und daß viele Krankheiten heutzutage psychosomatischen Ursprungs sind. Der Geist ist unser wichtigstes Gut und doch dasjenige, was wir weder ertasten noch auf Röntgenbildern sehen können. Er ist verantwortlich für unsere Gefühle; Liebe, Haß, Großzügigkeit, Egoismus, Ärger, Angst, Verlegenheit, Frustrationen – die Liste der Erscheinungsformen des Geistes hat kein Ende.

Pflanzenhormone oder ätherische Öle haben einen ähnlichen Einfluß auf unsere Körperfunktionen wie der Geist. Nur muß man erst die finden, die zu einem bestimmten Gefühlszustand passen, damit sie dann angewendet und in die Blutbahn aufgenommen werden können.

Wenn ein Mensch die Kunst der Entspannung beherrscht, sei es durch Yoga, geistige Übungen oder Hypnotherapie, dann wird sein Geist durch dieses positive Training gestärkt werden. Diesem Menschen wird im Leben mehr gelingen, er wird gesünder sein und mehr Erfolg im Berufsleben haben.

Wenn wir an uns selbst glauben, ist fast alles möglich; es ist bekannt, daß jemand, der *wirklich entschlossen* ist, Erfolg zu haben, fast unvermeidlich auch erfolgreich sein wird. Ebenso vertreibt der feste Entschluß, keinen Schnupfen zu bekommen, fast unweigerlich die aufkommenden Erkältungssymptome. Andererseits braucht man nicht zu versuchen, jemandem zu helfen, der nicht an die Behandlungsmethode glaubt – sein Verstand errichtet automatisch eine negative Barriere.

Menschen, die insgesamt schon von den Vorteilen natürlicher Ernährung überzeugt sind, glauben eher, daß Vollkornbrot gesünder ist als Weißbrot. Für einen Mensch aber, der die Anhänger einer gesunden Ernährung für Spinner hält, ist Brot gleich Brot – „das weiße schmeckt einfach besser".

Man sollte sich jeden Tag bewußt ein wenig Zeit zum Entspannen nehmen und den Geist darin üben, sich nur in *positiven* Kanälen zu bewegen, die zu Erfolg und Gesundheit führen. So kann man den Einfluß des negativen Denkens deutlich verringern, das nur körperliche und seelische Krankheit zur Folge hat.

Der andere wesentliche Faktor des Lebens, von dem unsere körperliche und geistige Gesundheit abhängen, ist die *Ernährung*. Wer viele industriell hergestellte Nahrungsmittel mit chemischen Zusätzen verzehrt, kann nicht zu Gesundheit oder reiner Haut gelangen. Die Haut spiegelt das Befinden des Körpers wider, und an diesem wiederum läßt sich unser geistig-seelischer Zustand ablesen. Kein kosmetisches Präparat, sei es nun natürlich oder nicht, wird Beschaffenheit und Aussehen einer schlechten Haut verbessern, wenn der Mensch weiter unzuträgliche Nahrungsmittel zu sich nimmt.

Denaturierte, d. h. raffinierte und industriell bearbeitete Nahrung, trägt wesentlich zu Krankheitserscheinungen bei und verursacht gleichzeitig körperlichen und geistigen Streß. Der eine setzt seinen Verdauungsapparat zu großen Belastungen aus, ein anderer ißt zuviel „schwere Kost" und handelt sich vielleicht Störungen an Magen oder Galle ein.

Man sagt, daß zuviel weißer raffinierter Zucker und zuviel tierische Fette die Entstehung von Herzkrankheiten begünstigen. Die Verdauungsorgane werden verstopft, weil man übermäßig raffinierte und kohlehydratreiche Nahrung zu sich nimmt und zuwenig Ballaststoffe – und schon das allein kann zu Fehlfunktionen in den Systemen unseres Körpers führen.

Eine traurige Geschichte!

All diese schädliche Auswirkungen können jedoch beträchtlich verringert werden, wenn es gelingt, den Blutkreislauf möglichst gesund zu erhalten. Auch ohne fachliche Beratung können wir uns darum bemühen, nur die richtigen Nahrungsmittel zu essen, und davon nicht zuviel. Die ballaststoffreichen Diäten, die in letzter Zeit aufgekommen sind, zeigen in hervorragender Weise, wie man sich genügend unverdauliche Faserstoffe zuführen kann, so daß die Körpersysteme gut funktionieren. Außerdem kann man bei solchen Diäten viel essen und trotzdem abnehmen!

Wenn unser Geist seinen Frieden hat, verspüren wir nur positive Gefühle wie Liebe, Zufriedenheit, Selbstlosigkeit, Großmut u.s.w. Der Körper bedankt sich, indem er gesund ist. Zu anderen Zeiten herrschen Ärger, Angst, Eifersucht, Egoismus und Depression vor, und hiervon wird der Körper nachteilig beeinflußt. Um mit diesen Gefühlen fertig zu werden, setzt der Körper automatisch Hormone frei, damit der Mensch möglichst schnell in einen positiven Gefühlszustand zurückkehren kann.

Wir sollten nicht nur für genügend Bewegung sorgen, sondern gleichzeitig die Kunst neu erlernen, richtig zu sitzen, zu stehen und sich zu bewegen. Für diese Dinge bedarf es allerdings einer bewußten Willensanstrengung, und wir müssen wirklich mit vollem Interesse längere Zeit bei der Stange bleiben, damit sie zur Gewohnheit werden.

Allerdings gibt es noch einen anderen Weg, wie wir uns selbst helfen können: durch den Gebrauch ätherischer Öle.

Heutzutage neigt man dazu zu warten, bis sich Krankheitssymptome zeigen, bevor man sich behandeln läßt. Vorbeugen aber ist immer besser als Heilen, das wird immer so bleiben. Die Aromatherapie ist eine sehr gute Art, gesund zu *bleiben*. Wir sollten sie als Präventivbehandlung benutzen, ähnlich wie es die Chinesen seit Jahrtausenden mit der Akupunktur machen.

Es gibt verschiedene Methoden, die ätherischen Öle in den Blutkreislauf zu bringen: man kann sie oral einnehmen, dem Badewasser zusetzen, sie inhalieren, sich Kompressen damit auflegen oder sie mit verschiedenen Massagearten kombinieren, von der einfachen Effleurage bis hin zu fortgeschrittenen Massagetechniken wie Lymphdrainage, neuromuskulärer Massage und Shiatsu (hierbei werden die Akupressurpunkte entlang der Meridiane stimuliert).

Die Aromatherapie–Körpermassage

Regelmäßige fachkundige aromatherapeutische Behandlungen führen im allgemeinen zu deutlichen und nachhaltigen Verbesserungen des Wohlbefindens und des allgemeinen Gesundheitszustandes, zu erhöhter Vitalität und einer sichtbaren Verbesserung von Hautstruktur und -farbe.

Jede Behandlung ist individuell – denn kein Mensch gleicht exakt einem anderen. Bei der Wahl der jeweils anzuwendenden Essenzen und ihrer Anwendungsform müssen viele Faktoren berücksichtigt werden.

Ätherische Öle sind hochkonzentriert. Schon ein Tropfen auf 10 oder 20 Milliliter Trägersubstanz (pflanzliche Öle) ergibt einen klar identifizierbaren Geruch. Den ursprünglichen Duft der Pflanze erhält man durch die richtige Verdünnung der Essenz. Unverdünnt ist das Aroma der ätherischen Öle zu stark, um noch angenehm zu wirken, das sollte man immer berücksichtigen. Jede Essenz gibt die ihr eigenen Schwingungen ab, jede wirkt auf verschiedene Menschen verschieden. Die Nase schickt eine Botschaft ans Gehirn, das Gehirn entschlüsselt die Botschaft, und der Mensch fühlt Vergnügen oder auch Abneigung.

Die Geruchsnerven spielen beim Erfolg der Behandlung eine wichtige Rolle, deshalb sollte der Geruch der Essenzen, wenn sie mit der Trägersubstanz vermischt sind, der zu behandelnden Person angenehm sein. Wenn diese einen bestimmten Duft nicht mag, muß man andere Essenzen mit derselben therapeutischen Wirkung suchen, die ihr angenehmer sind.

Ein guter Aromatherapeut berücksichtigt bei der Mischung der

Öle ihre Flüchtigkeit, ihre Wirkung auf den körperlichen und geistigen Zustand und auch den Eindruck, den der Duft direkt auf die behandelte Person hat. Dieser letzte Punkt ist wirklich genauso wichtig wie die beiden anderen, wenn ätherische Öle bei speziellen aromatherapeutischen Massagen benutzt werden.

Zu beachten ist ebenfalls, daß man nach einer Aromatherapiemassage das Öl niemals abwaschen sollte. Auch duschen oder baden sollte man erst sechs oder acht Stunden später – nur so ist gewährleistet, daß die ätherischen Öle vollständig vom Körper absorbiert werden, auch wenn es den Anschein haben mag, daß sie bereits während der Massage ganz in die Haut eingedrungen sind.

Wenn es bei Ihnen in der Nähe keine Aromatherapeutin und keinen Aromatherapeuten gibt, können Sie trotzdem selbst zu Hause auf verschiedene Art und Weise von ätherischen Ölen profitieren. Wie, das sagt Ihnen dieses Buch.

2.

Ätherische Öle

Jetzt wissen Sie bereits einiges über ätherische Öle, aber noch nicht, wie sie gewonnen werden, wie die verschiedenen Öle wirken, und wie sie sich untereinander in der Qualität unterscheiden.

Ich habe schon von den mystischen Eigenschaften der ätherischen Öle gesprochen – von der Lebenskraft oder der Persönlichkeit der Pflanzen, die sich täglich und mit den Jahreszeiten wandelt. Natürlich wird die Qualität der Essenzen davon beeinflußt, denn die Zellen, die die ätherischen Öle produzieren, ändern ihre chemische Zusammensetzung je nach Tages- oder Jahreszeit. Diese Zellen sind überall in den Blättern, Blüten, Stengeln, auch in Rinde und Wurzeln verteilt und enthalten winzige Dufttropfen.

Deshalb ist es wichtig, Kräuter und Pflanzen, die für medizinische Zwecke oder zur Destillation der Essenzen bestimmt sind, genau zur richtigen Zeit zu sammeln – nicht leicht heute, wo die meisten Menschen eine streng geregelte Arbeitszeit haben. Viele Blumen haben in der Abenddämmerung einen schwereren und wirksameren Duft. Jasmin, eines der teuersten Öle auf dem Markt, ergibt bei Sonnenuntergang die größte Menge an ätherischem Öl und gleichzeitig das Öl mit dem intensivsten Duft und der stärksten Heilwirkung. Ylang-Ylang blüht das ganze Jahr hindurch, aber im Mai und Juni geben die Blüten den höchsten Prozentsatz an ätherischem Öl.

Pflanzen enthalten sehr unterschiedliche Mengen an ätherischem Öl, manche nur etwa ein hundertstel Prozent – dann ist das daraus entstandene Konzentrat sehr teuer; andere bis zu zehn Prozent – dann kann man das Öl zu einem vernünftigen Preis kaufen.

Die Hersteller von ätherischen Ölen müssen auch einen Verdunstungsverlust einkalkulieren, nachdem die Pflanze gepflückt ist und zum Destillieren gebracht wird. Im Osten destilliert man Zitronengras und ein oder zwei andere Gräser noch am Pflückort, und zwar in einem tragbaren Destillierapparat aus Kupfer, der am Wasser, wo die Pflanzen wachsen, aufgestellt wird. So ist die Ölausbeute am größten.

Doch auch andere Faktoren beeinflussen die Qualität des Öles und die Ergiebigkeit der Pflanzen: die Bodenbeschaffenheit und das Klima. So sind zum Beispiel französischer Jasmin, englischer Lavendel und arabische Rose die teuersten Essenzen ihrer Art.

Ätherische Öle werden normalerweise von bestimmten Drüsen, Kanälen oder Zellen in verschiedenen Teilen der Pflanze abgesondert, kommen aber auch im Saft oder im Holz einzelner Bäume vor. In unterschiedlicher Menge finden sie sich in Wurzeln, Stengeln, Rinden, Blättern und Blüten, und in manchen botanischen Familien sind sie weit reichlicher vertreten als in anderen. Zum Beispiel bei der Gruppe der

Coniferen – den Nadelbäumen also, bei den

Myrtacen – zu deren Familie auch der Eukalyptus gehört, und bei den

Labiaten – zu denen alle Minzen gehören, und unter anderen auch die nützlichen aromatischen Pflanzen Lavendel, Pfefferminz und Rosmarin.

Je mehr Öldrüsen oder -kanäle eine Pflanze enthält, desto niedriger ist der Endpreis der Essenz. Öle von Pflanzen, die weniger ölerzeugende Drüsen haben, sind notwendigerweise teurer, z.B. ergeben:

100 Kilogramm Eukalyptus ungefähr 10 Liter Öl,
100 Kilogramm von manchen Lavendelarten bis zu 3 Liter Öl,
100 Kilogramm der Blätter bestimmter Rosensorten weniger als ½ Liter Öl.

So stellen wir fest, daß die Herstellungskosten der Essenzen nicht nur direkt von der Qualität der Pflanzen abhängen, sondern auch von der Menge der ölproduzierenden Drüsen in der jeweiligen Pflanze.

Ein ätherisches Öl kann aus vielen verschiedenen Substanzen bestehen. Die aus Blüten gewonnenen haben viel mehr Bestandteile – zwischen zwölf und einhundert Komponenten – als die aus Blättern erzeugten, die manchmal nur aus einer einzigen Substanz bestehen!

Aromatherapeuten benutzen die Essenzen in ihrer natürlichen

„Mischung". Man nennt sie Terpenoide, weil sie überwiegend aus Terpenen bestehen.

Der Chemiker kann die Öle in ihre verschiedenen Bestandteile zerlegen (in Terpene, Ester, Ketone usw.) und dann den Teil herausfiltern, den er benutzen will. So wird zum Beispiel Thymol aus Thymianessenz gewonnen und Menthol aus Pfefferminzessenz. Diese beiden Substanzen sind uns aus der heutigen Medizin vertraut, doch wem ist schon bewußt, daß sie aus Pflanzenessenzen gewonnen werden?

Anmerkung: Je mehr ein ätherisches Öl chemisch und physikalisch bearbeitet wird, desto mehr verliert es von seinen heilenden Kräften.

Die Menge und Stärke, in denen ein ätherisches Öl angewendet wird, müssen unbedingt beachtet werden, denn manche können bei zu hoher Dosis oder Konzentration das Gegenteil der erwünschten Wirkung hervorrufen. Zum Beispiel kann bei Juckreiz eine niedrige Konzentration von Pfefferminzöl Erleichterung schaffen, eine starke Konzentration hingegen kann die Symptome verschlimmern.

Ähnlich ist es mit Digitalis, der Essenz des Fingerhuts, die in hohen Konzentrationen giftig ist, aber bei vorsichtiger Dosierung sehr hilfreich bei Herzleiden sein kann.

Es ist also sehr wichtig, die korrekte Dosierung der Essenzen zu beachten, wenn ätherische Öle zu medizinischen oder aromatherapeutischen Zwecken gemischt werden. Man muß sich auch immer vor Augen halten, daß bei vielen Ölen die Regel „Je mehr, desto besser" nicht gilt.

Die hohe Verdunstungsgeschwindigkeit ätherischer Öle habe ich bereits erwähnt. Auch dieser Punkt muß berücksichtigt werden, wenn man eine wohl ausbalancierte Mischung herstellen will. Die Verdunstungsgeschwindigkeit (oder „Evaporationswert") ist bei jedem Öl anders. Die meisten Essenzen fallen in eine der folgen Gruppen:

Hoher Evaporationswert – schnell verfliegende Öle, in der Parfümherstellung auch „Spitzennoten" genannt; sehr schnelle Wirkung, verdunsten am schnellsten, sehr stimulierend und anregend für Körper und Geist.

Mittlerer Evaporationswert – in der Parfümherstellung auch „Mittelnoten" genannt; nicht so flüchtig wie die erste Gruppe, sie wirken vorwiegend auf Körperfunktionen wie Verdauung, Menstruation und allgemeinen Stoffwechsel.

Niedriger Evaporationswert – in der Parfümherstellung auch „Basisnoten" genannt; diese Öle verflüchtigen sich relativ langsam (wenn man sie mit einem Öl aus der ersten Gruppe mischt, können sie die Flüchtigkeit dieses Öls verzögern), sie wirken sehr beruhigend und entspannend.

Wie ätherische Öle gewonnen werden

Vor der Erfindung der Destillation wurden ätherische Öle aus Pflanzen durch Auspressen mit der Hand, durch „Enfleurage" oder durch Einlegen in andere Öle gewonnen.

Das **Ausdrücken mit der Hand** war auf die Familie der Zitruspflanzen beschränkt. Die Schalen der Früchte wurden buchstäblich mit der Hand gedrückt, bis die Öldrüsen oder -kapseln platzten. Das Öl sammelte sich in einem Schwamm, der dann, wenn er vollgesogen war, über einem Behälter ausgedrückt wurde. Diese Methode wird maschinell immer noch angewendet, jedoch kaum noch von Hand.

Mit der **Enfleurage** gewann man früher Essenzen aus Blüten. Dabei wurden die Blüten zunächst auf eine mit raffiniertem Fett bedeckte Glasplatte gelegt. Das Fett absorbierte die ätherischen Öle, die Blüten wurden heruntergenommen und eine neue Schicht aufgelegt, bis das Fett mit ätherischen Ölen gesättigt war. Diese Masse nannte man „Pomade" und verwendete sie in dieser Form häufig als Salbe oder Parfüm. Auch heute wird die „Enfleurage" noch zur Extraktion ätherischer Öle angewendet, allerdings wird dabei in einem zweiten Schritt die Pomade in Alkohol aufgelöst. Fett ist nicht in Alkohol löslich, ätherische Öle aber lösen sich unverzüglich darin auf. Die so entstandene Flüssigkeit wird dann vorsichtig erhitzt, und der Alkohol zuerst verdampft, die reine Pflanzenessenz bleibt zurück.

Die **Mazeration** ähnelt der „Enfleurage". Mit dieser Methode kann man zu Hause Pflanzenessenzen in gebrauchsfertig verdünnter Form herstellen. Die Blüten und Blätter werden zunächst zerstampft, so daß die Öldrüsen oder -zellen aufbrechen, dann legt man sie in warmes Pflanzenöl (oder in raffiniertes Fett) und stellt sie an einen warmen Ort. Wenn das Pflanzenöl oder das Fett das ätherische Öl absorbiert hat, seiht man die Mischung ab, um die Blüten oder Blätter herauszufiltern. Die „Trägersubstanz" wird wieder erwärmt und neue Blüten oder Blätter werden hineingelegt. Diesen Prozeß wiederholt man, bis Pflanzenöl oder Fett genügend konzentriert sind. Wenn Fett benutzt wird, kann die entstandene Pomade wie beim zweiten Schritt der „Enfleurage" weiterbehandelt werden; wenn man Pflanzenöl verwendet, kann die entstandene Flüssigkeit so, wie sie ist, zu Massagezwecken oder zur Eigenherstellung von Kräutercremes benutzt werden. Bei manchen Blüten wendet man heute die **Extraktion durch Lösungsmittel** an. Vereinfacht gesagt werden die Blüten mit einem Lösungsmittel (gewöhnlich mit Petroleumäther) bedeckt, das die Essenz herauszieht. Dann läßt man das Lösungsmittel verdampfen, und die Pflanzenessenz bleibt zurück. Der ganze Vorgang ist eigentlich etwas komplizierter, aber dies ist das Grundprinzip.

Die modernste und heute am häufigsten angewandte Methode ist die **Wasserdampfdestillation**. Erfinder dieser Methode zur Gewinnung von Pflanzenessenzen soll der arabische Arzt Avicenna, der im elften Jahrhundert lebte, gewesen sein. Im dreizehnten Jahrhundert hat der Spanier Arnaldo de Vilanova zum erstenmal den Prozeß der Destillation schriftlich dargestellt. Vielleicht war er es auch, der diese Kunst in Europa eingeführt hat.

Abb.1 (die Sie vielleicht an Ihre Schulzeit und den Chemieunterricht erinnert) zeigt, wie die Dampfdestillation vonstatten geht. Je nach der Dichte des Öls setzt es sich bei der Kondensation auf dem Wasser ab oder sinkt nach unten. Diese Methode nutzt die hohe Flüchtigkeit ätherischer Öle und die Tatsache, daß die meisten nicht wasserlöslich sind. Trotzdem nimmt das Wasser, das in einem geschlossenen Kreislauf immer wieder durch die Destillieranlage

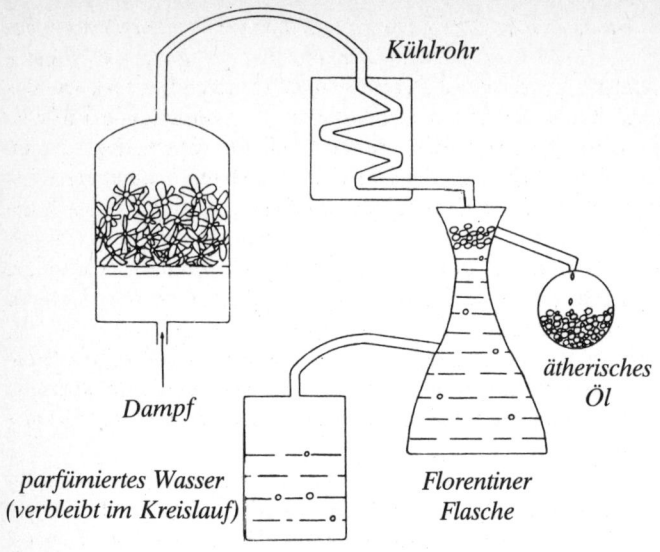

Kühlrohr

Dampf

ätherisches Öl

parfümiertes Wasser (verbleibt im Kreislauf)

Florentiner Flasche

Abbildung 1. Dampfdestillation.

strömt, mit der Zeit den Duft oder das Aroma der destillierten Pflanzen an. Dieses Wasser ist ein nützliches Nebenprodukt, Rosen- und Orangenblütenwasser zum Beispiel sind uns allen bekannt.

Zur Reinheit ätherischer Öle

Aus der Beschreibung der verschiedenen Extraktionsmethoden kennen wir nun die Substanzen, in denen ätherische Öle löslich sind. Im allgemeinen sind sie nicht wasserlöslich; in Alkohol lösen sie sich sofort, außerdem in Öl (pflanzlicher oder mineralischer Herkunft) und in Fett. Mit diesen Informationen als Hintergrund können wir Pflanzenessenzen schlechter Qualität erkennen.

Alle ätherischen Öle sind relativ teuer, obwohl die Preise je nach Ergiebigkeit der Pflanzen sehr unterschiedlich sind. Wenn man nun zu günstigem Preis ein Öl sieht, das von einer nicht sehr ergiebigen Pflanze stammt, zum Beispiel von Jasmin oder von Rosen, dann ist Vorsicht geboten! Dabei handelt es sich wahrscheinlich nicht einmal um ein reines Öl minderer Qualität, sondern es wird irgendwie verfälscht sein, vielleicht in einem Lösungsmittel verdünnt oder mit synthetischen Ölen vermischt, die manchmal täuschend ähnlich wie das Original duften. Auch bei den echten Pflanzenessenzen ist der Preisvergleich schwierig. Eine Firma importiert vielleicht chinesischen Jasmin, der viel billiger ist als der mindestens dreimal so teure marokkanische. Sandelholz aus Mysore (dessen Heilwirkung mit Abstand am stärksten ist) ist mindestens doppelt so teuer wie australisches Sandelholz usw.

Wie bei den meisten Dingen hängen Preis und Qualität zusammen, und der therapeutische Erfolg ist ganz entschieden von der Qualität der Essenzen bedingt.

Synthetische Ersatzstoffe mögen in Küche und Kosmetik gute Dienste tun, aber ich kann nicht genug betonen, daß in der Aromatherapie **nur die besten und reinsten** Pflanzenessenzen die erwünschte Wirkung haben.

Übrigens – ätherische Öle sind nicht fettig, obwohl man das wegen ihres Namens vermuten könnte. Die meisten hinterlassen auf Löschpapier keine Fettflecke, wie das sonst bei Öltropfen – zum Beispiel Maisöl – der Fall ist, und sie haben in hohem Maße die Fähigkeit, die Haut und das Gewebe darunter zu durchdringen.

Die Lagerung ätherischer Öle

Wie wir bereits wissen, haben ätherische Öle eine hohe Verdunstungsgeschwindigkeit. Da sie außerdem lichtempfindlich sind, sollte man sie mit Bedacht und Sorgfalt benutzen und lagern. Schrauben Sie jedesmal, wenn Sie während einer Massage Öl entnehmen, gleich wieder den Deckel auf die Flasche.

Wegen ihrer Flüchtigkeit und Lichtempfindlichkeit müssen ätherische Öle in fest verschlossenen, dunklen Flaschen aufbewahrt werden. Und da Plastik ätherische Öle absorbieren kann, dürfen nur Metall- oder Glasbehälter verwendet werden. Kurz: Ätherische Öle sollten an einem dunklen und kühlen Ort in luftdichten, dunklen Glasbehältern gelagert werden.

Ätherische Öle halten sich nicht sehr lange, nachdem sie mit einer Trägersubstanz vermischt wurden. Weit höher ist ihre Lebensdauer (bis zu zwei Jahren), wenn sie in reiner Form aufbewahrt werden.

3.

Die Haut

Die Haut ist das größte Organ des Menschen. Sie bedeckt und schützt den ganzen Körper und hat es wohl verdient, daß wir sie gut behandeln. Wenn irgendein anderes Organ gestört ist und uns Unannehmlichkeiten verursacht, gehen wir sofort zum Arzt. Die Haut aber verursacht keine großen Unannehmlichkeiten, auch wenn sie trocken, rissig oder fettig ist. Also denken wir, wir hätten schon genug getan, wenn wir keine Seife, sondern die für die jeweilige Hautbeschaffenheit empfohlenen Pflegeprodukte benutzen.

In Wahrheit jedoch spiegelt sich in der Haut der Gesundheitszustand des Körpers. Fleckiger, schuppiger oder reizbarer Haut liegen oft andere Störungen zugrunde. Wir wissen alle, wie unser Haar sich anfühlt und aussieht, wenn wir nicht gesund sind. Manchmal kann schon eine Erkältung das Haar schlaff und spannungslos machen (und das, obwohl die Wissenschaft behauptet, Haare seien tote Materie!).

Menschen mit einer unreinen oder fleckigen Haut vergessen oft, daß die Haut durch das, was er ißt, beeinflußt wird. Wenn jemand viele fetthaltige und denaturierte Nahrungsmittel zu sich nimmt, dann verliert als Antwort die Haut ihren Glanz, und vielleicht treten auch Mitesser und Pickel auf.

Auch Streß kann die Haut in Mitleidenschaft ziehen, sie wird dann fleckig und reagiert auf bestimmte Substanzen überempfindlich. Hier muß man die Wurzeln des Streß oder der Ängste behandeln, damit die Haut sich verbessert.

Hautprobleme können auch erblich bedingt sein. Wenn Sie oder einer Ihrer Angehörigen zum Beispiel Asthma, Heuschnupfen oder ein Ekzem haben oder gehabt haben, dann haben Sie möglicherweise eine fleckige Haut mit trockenen Stellen. Wahrscheinlich denken Sie dann, daß Sie gegen bestimmte Seifen und Kosmetika allergisch sind, während die Hautprobleme tatsächlich mit dem Ekzem zusammenhängen.

Ebenso denkt vielleicht jemand, der unter Schuppenflechte leidet, er sei auf ewig dazu verdammt, außer wenn er starke Medikamente benutzt. Bis heute ist nichts bekannt, was in der Lage wäre, die Schuppenflechte vollständig zu heilen, außer vielleicht ständige Sonnenbestrahlung – in unsern Breiten nicht leicht zu erreichen –, dennoch kann regelmäßiges Sonnenbaden (auch in Solarien) die Schuppenflechte oft weitgehend eindämmen.

Dermatitis wird oft mit Kortikosteroidsalben behandelt, die zwar die Symptome schnell verschwinden lassen, bei zu häufiger oder zu langer Anwendung jedoch starke Nebenwirkungen zeigen.

Viele Menschen, besonders Frauen, haben eine überempfindliche Haut und finden nur schwer Hautpflegemittel, die keine allergischen Reaktionen auslösen. Oft benutzen diese Frauen nur eine einfache Seife, um solche Reaktionen zu vermeiden. Zum Reinigen genügt Seife natürlich, aber sie gibt der Haut nicht die Feuchtigkeit und die Pflege- und Nährstoffe, die sie bräuchte, um weniger empfindlich zu werden.

Noch so eine traurige Geschichte!

Die Aromatherapie jedoch kann in all diesen Fällen* und in vielen anderen helfen – z.B. auch bei Kopfschmerzen oder chronischen Stirn- und Nebenhöhlenbeschwerden. Und zwar durch die Verwendung guter Hautpflegeprodukte, die die ätherischen Öle enthalten, die für die jeweiligen Beschwerden passen. Der **Zeitaufwand** für die tägliche Kosmetik wird **nicht größer**, aber viele Gesichts- und Hautprobleme können gleich mitbehandelt werden.

Ich habe eine ganze Reihe von Hautpflegepräparaten selbst entwickelt, die vor allem für Menschen mit besonderen Hautproblemen geeignet sind. Darunter sind Hautreiniger, Straffungsmittel, Feuchtigkeitscremes, Nachtcreme, Handlotion, Körperlotion und Masken, die alle nicht nur pflegen, sondern auch heilende Wirkung haben.** Alle Cremes und Lotionen enthalten keine Allergene und werden auf Grundlage reiner Pflanzenextrakte hergestellt. Keine von ihnen

---

* Anmerkung: siehe die Fallgeschichten in Kapitel 13.
** Anmerkung: Siehe die Liste mit nützlichen Adressen am Ende des Buches.

enthält Lanolin (das aus Schafwolle gewonnen wird), da es für viele Allergien verantwortlich ist. In den Feuchtigkeitspräparaten und in der Nachtcreme ist kein Mineralöl. So können sie optimal in die Haut eindringen und die nachwachsenden Zellen unter der obersten Hautschicht versorgen. Ich verwende weder tierische Produkte noch synthetische Duftstoffe. Auch diese Zutaten sind oft für allergische Reaktionen verantwortlich.

Schon die Grundlage dieser Präparate ist also für sehr empfindliche Hauttypen geeignet. Das allein ist schon wichtig.

Nun aber kommen wir zum wirklich interessanten Teil. Jetzt werden dem Grundpräparat verschiedene ätherische Öle hinzugefügt, die für verschiedene Hauttypen geeignet sind. Nicht nur für die bekannten Typen „empfindlich, trocken, fettig oder Mischhaut", sondern auch für Ekzeme, Dermatitis, verstopfte Nebenhöhlen, Schuppenflechte, geplatzte Äderchen, Streß, Schlaflosigkeit, hartnäckige Kopfschmerzen usw.. Die tägliche Anwendung dieser Mittel kann zur Lösung dieser Probleme beitragen, ohne mehr Aufwand als die normale tägliche Hautpflege. Und in den meisten Fällen sind diese Präparate nicht teurer als viele namhafte Kosmetika.

Für diejenigen von Ihnen, die tägliche Hautpflege nicht gewohnt sind, habe ich ein Einstiegsprogramm entwickelt. Und wer das Gesicht lieber mit Wasser abspült anstatt Reinigungscremes und -lotionen zu benutzen, wird mit Vergnügen erfahren, daß es jetzt wasserlösliche Reinigungspräparate gibt (darunter meine eigenen), die ähnlich wie Seife abgewaschen werden können.

Die Haut

Die oberste Schicht unserer Haut, die Epidermis, besteht vollständig aus toten Zellen. Bei Babies oder kleinen Kindern werden diese fortwährend und schnell von den neuen Zellen, die von unten nachrücken, abgestoßen, so wie auch die neuen Zellen nach kurzer Zeit ihrerseits wieder abgestoßen werden. Die Haut eines Kindes ist normalerweise weich, straff und nicht zu trocken. Überall im Körper wachsen rasch neue Zellen heran, und ebenso rasch werden die alten abgestoßen. Mit zunehmendem Alter verlangsamt sich natürlich die Regeneration der Zellen (und das nicht nur in der Haut), und die alten Zellen werden auch langsamer abgestoßen. Dies kann einer der Gründe für eine trockene Haut sein und ganz sicher trägt es zur Faltenbildung bei. Die toten Zellen sammeln sich in den kleinen Furchen der Haut, und wir schieben sie mit unserm Gesichtsausdruck so zusammen, daß sie Linien bilden.

Seife ist zwar ein recht wirksames Reinigungsmittel, wird aber gewöhnlich auf alkalischer Grundlage hergestellt. Wenn es um die Erhaltung der Hautelastizität geht, sind alkalische Substanzen eher schädlich. Denn die Hautoberfläche hat ein leicht saures Milieu (um Bakterien abzutöten, die ins Gewebe eindringen wollen), und diese saure Schicht wird durch alkalische Reinigungsmittel beseitigt – die die Haut außerdem austrocknen. Menschen mit fettiger Haut glauben daher, Seife sei gut für sie. Sicher, Menschen mit fettiger Haut sehen länger jung aus, aber sie bezahlen diesen Vorteil oft mit unreiner und großporiger Haut. Diese Probleme fangen schon im Alter von unter zwanzig Jahren an und sind Folge von hormonalen Veränderungen und falscher Ernährung.

Unter der Epidermis liegt eine Hautschicht, die Korium heißt. Diese Schicht lebt und enthält die Blutgefäße, Nervenenden, Fett- und Schweißdrüsen. Hier entstehen neue Hautzellen und werden nach außen geschoben. Wenn sie dann die Epidermis erreichen, flachen sie ab, trocknen aus und werden schließlich abgestoßen.

Die Haut ist wasserdicht, nur die Epidermis wird naß und muß abgetrocknet werden. Deswegen können nur wenige Substanzen durch die Haut dringen – und viele Ärzte rümpfen über Hautcremes die Nase, weil sie darin nur einen Oberflächenschutz sehen. Bei Lotionen, die mineralische Öle enthalten, stimmt das auch – sie geben der Haut Feuchtigkeit, indem sie die *Oberfläche* feucht halten. In einem späteren Kapitel werden wir sehen, daß mineralische Öle die Haut nur schwer durchdringen können; deswegen können darauf aufgebaute Präparate auch nicht auf die lebendigen Zellen unter der obersten Hautschicht einwirken – sie befeuchten nur kurzfristig die Epidermis.

Auch lanolinhaltige Cremes sind zur Hautregeneration wenig effektiv. Die Lanolinpartikel sind gewöhnlich zu groß, um in die Haut einzudringen, wie jeder weiß, der schon einmal eine lanolinhaltige Nachtcreme benutzt hat: das Gesicht sieht fettig aus, und die Creme dringt mehr ins Kissen als in die Haut. Cremes und Lotionen auf pflanzlicher Basis haben allerdings eine gewisse Fähigkeit, in die Haut einzudringen.

Ätherische Öle sind, wie wir gesehen haben, *in hohem Maße* durchdringend und können die kleinen Kapillargefäße im Korium erreichen, von denen sie dann ins Blut befördert werden, um an anderer Stelle im Körper ihre heilsame Wirkung zu entfalten. Gleichzeitig ist eine Verjüngung der Haut möglich, denn wenn die Haut die richtigen Zutaten erhält, können auch Zellen von besserer Qualität heranwachsen. Diese Zellen sehen glatter aus und fühlen sich weich an anstatt trocken oder fettig, wenn sie die Hautoberfläche erreichen und dann absterben.

Kurz unter der Haut liegen zwei Arten von Drüsen: die Schweißdrüsen und die Talgdrüsen. Letztere produzieren ein natürliches Öl, den Talg, der über die Haarfollikel die Hautoberfläche erreicht. Wo keine Haare sind, ist folglich auch kein Talg, d.h. in den Handflächen, an den Fußsohlen oder um die Augen herum. Der Talg hat die Funktion eines Schmiermittels für die Haut und erhält ihre Elastizität.

Die Schweißdrüsen produzieren eine wässrige, leicht ölige Flüssigkeit, den Schweiß, der durch die Poren auf die Hautoberfläche tritt. Die meisten Schweißdrüsen befinden sich auf den Handflächen, viele liegen aber auch an den Fußsohlen, in den Achselhöhlen, und auf Stirn und Nase.

Die Schweißdrüsen beseitigen Schlacken und Giftstoffe. Außerdem sind sie das Kühlsystem des Körpers. Wenn uns bei einer anstrengenden Tätigkeit heiß wird, produzieren diese Drüsen zusätzliche Feuchtigkeit, um den Körper abzukühlen. Normalerweise merken wir gar nicht, wie unsere Schweißdrüsen für die Aufrechterhaltung der Körpertemperatur sorgen. Bei starkem Wind aber, bei starker Sonneneinstrahlung oder in Räumen mit Zentralheizung verdunstet die Feuchtigkeit zu rasch, und die Haut trocknet aus. Deswegen ist es wesentlich, täglich ein Feuchtigkeitspräparat zu benutzen, um diesem Verlust entgegenzuwirken.

Die Schweiß- und Talgdrüsen arbeiten *zusammen*, um die Hautoberfläche geschmeidig und weder zu trocken noch zu feucht zu halten. Produziert die eine Drüsenart im Verhältnis zur andern zuviel oder zuwenig, so zeigt sich das in zu fettiger oder zu trockener

Haut. Wenn man für einen bestimmten Hauttyp das entsprechende Feuchtigkeitspräparat verwendet, kann man die richtige Mitte erreichen und die Haut geschmeidig erhalten. Auch Menschen mit zu hoher Talgproduktion brauchen ein Feuchtigkeitsmittel, um den *Feuchtigkeitsverlust* zu ersetzen, der der Talgüberproduktion zugrunde liegt. *Dann aber* darf das Feuchtigkeitspräparat kaum Öl enthalten, sondern vor allem Wasser in einer leichten Emulsion.

Jedesmal wenn man sich Gesicht und Hals wäscht, sollte man ein Feuchtigkeitspräparat verwenden. Denn das Waschen entfernt das natürliche Öl und die natürliche Feuchtigkeit auf der Hautoberfläche. Um die Haut zu schützen, sollte man nach dem Waschen immer eine Feuchtigkeitslotion oder -creme auf Gesicht und Hals auftragen.

Dies wirkt in dreierlei Weise wohltuend:

a) Unnatürlicher Feuchtigkeitsverlust wird verhindert,
b) das Verhältnis zwischen Öl und Feuchtigkeit auf der Haut bleibt in der Balance,
c) die Porenöffnungen vor Schmutz und Make-up geschützt, so daß sie nicht verstopfen können und damit der Entstehung von Mitessern und Pickeln vorgebeugt ist.

Sie sehen also, daß jeder Mensch ein Feuchtigkeitspräparat braucht (auch Männer sollten eines benutzen), aber nicht jeder Mensch braucht eine Nachtcreme. Eine Nachtcreme macht die Haut glatt und geschmeidig und ernährt die nachwachsenden Zellen im Korium, so daß die Haut elastischer wird. Vorausgesetzt, man benutzt eine gute Creme auf pflanzlicher Basis. Menschen mit fettiger Haut brauchen im allgemeinen keine Nachtcreme, bis sie feststellen, daß ihre Haut in der Wangengegend langsam trockener wird. Dann sollten sie um die Augen herum (Achtung: Niemals eine Creme auf Lanolingrundlage in der Augengegend verwenden!), an den Wangen und am Hals eine Nachtcreme benutzen. Bedenken Sie, daß um die Augen herum keine Talgdrüsen liegen und auch am Hals nur wenige. Vernachlässigen Sie nicht die Stellen, die Nahrung benötigen, nur weil Sie in der Mitte des Gesichts, auf Stirn und Nase, sehr fettig aussehen.

Eine Nachtcreme hat zwei wichtige Wirkungen:

a) Sie ersetzt Talg da, wo die Drüsen nicht ausreichend oder mit zunehmendem Alter zu langsam produzieren.

b) Sie erhält die Haut geschmeidig und verringert das Risiko, daß die Haut frühzeitig ihre Elastizität verliert und sich Falten einstellen.

Auch unsere Hände und Füße brauchen, wenn wir älter werden, zusätzliche Nahrung, weil die Poren nicht mehr genug Feuchtigkeit produzieren. Trockene Füße, Beine und Hände werden versorgt, wenn man nach jedem Bad und jeder Dusche eine Körperlotion aufträgt. Die Hände erhält man geschmeidig durch eine Handlotion nach jedem Waschen. Es gibt Präparate, die besonders gut gegen aufgesprungene Hände sind.

Bestimmte Regionen brauchen ab und zu eine Maske:

Sehr fettige Haut in der Gesichtsmitte.
Sehr trockene Haut an Gesicht und Hals.
Feine Fältchen neben Augen und Mund und auf Stirn und Oberlippe.
Blasse Haut ohne Spannung und Farbe.
Trockene Fersen, Ellenbogen, Knie und trockene Hände.

Trockene und blasse Regionen brauchen eine Nährpackung oder eine Maske, die den Blutkreislauf stimuliert, damit auf diese Weise Nährstoffe in die betroffene Region gelangen. Für sehr fettige Regionen nimmt man eine Maske, die die Poren und Talgdrüsen reinigt.

Bei Fältchen braucht man eine Maske, die Hautfurchen von den toten Zellen befreit – benutzen Sie direkt danach ein Feuchtigkeitspräparat.

Bei empfindlicher Haut sollten solche Masken niemals nötig sein, aber naturbelassener Yoghurt mit Gurke wirkt bei jedem Hauttyp wohltuend und erfrischend, auch bei empfindlicher Haut.

Das tägliche Hautpflegeprogramm

Ziel der Hautpflege ist es, daß alle Hauttypen sich durch die richtige Anwendung der richtigen Hautpflegemittel mit der Zeit normalisieren. Menschen mit Mischhaut sollten in Problemzonen Reinigungs- und Feuchtigkeitspräparate benutzen.

An fettigen Stellen sollte man eine Maske verwenden und an den Wangen Reigungs- und Feuchtigkeitspräparate.

Hautpflege braucht nicht länger zu dauern als das Waschen mit Wasser und Seife, allenfalls ein paar Sekunden mehr für die Anwendung von straffendem Gesichtswasser und Feuchtigkeitslotion.

Jeden Abend:
Gesicht und Hals gründlich reinigen und abspülen.
Mit Watte das Gesichtswasser auftragen.
Nachtcreme (oder Feuchtigkeitscreme, wenn Sie keine Nachtcreme brauchen) auf Gesicht, Hals und Augen* auftragen. Bei sehr fettiger Haut nimmt man eine Feuchtigkeitslotion.
Augencremes und -gels ohne Lanolin und mineralische Öle können bei jedem Hauttyp verwendet werden.
Jeden Morgen:
Gesicht, Hals und Augen mit tonisierendem Gesichtswasser in einem Wattebausch abwischen. Das Reinigen ist jetzt nicht notwendig.
Feuchtigkeitspräparat auf Gesicht, Hals und Augen* auftragen, dann evtl. Make-up.
Wenn Sie erst später am Tage Make-up auflegen wollen, müssen Sie direkt davor wieder ein Feuchtigkeitspräparat verwenden. Falls bis dahin mehr als vier Stunden vergangen sind, erst reinigen, dann mit dem Gesichtswasser tonisieren und danach das Feuchtigkeitsmittel auftragen.
Einmal in der Woche (bei fettiger Haut zweimal) sollte man bei Bedarf eine Maske verwenden. Menschen mit normaler Haut brauchen nur ab und zu eine Maske, abgesehen von der Joghurt-Gurken-Maske, die Sie so oft verwenden können wie Sie wollen.
Auf jeden Fall sollten Sie die Cremes mit einem kleinen Spatel aus den Dosen entnehmen. Das ist nicht nur sparsamer, sondern verhindert auch, daß unter den Fingernägeln sitzende Bakterien in die Creme geraten und sich dort vermehren.
Die folgende Tabelle soll Ihnen als Orientierung dienen. Wenn Sie eine Mischhaut haben, verwenden Sie für die Wangen Reinigungs-

---

* Wenn die Creme Lanolin enthält, nicht auf die Augen auftragen.

creme, und für offene Poren und Mitesser an den fettigen Stellen ein oder zweimal wöchentlich eine Maske.

	Emp-findlich	Fettig	Normal	Trocken
Reinigungscreme	*		*	*
Reinigungsmilch	*	*	*	
Alkoholfreies, tonisierendes Gesichtswasser	*	*	*	*
lanolin- und mineralölfreie Feuchtigkeitslotion	*	*	*	
lanolin- und mineralölfreie Feuchtigkeitscreme	*		*	*
lanolin- und mineralölfreie Nachtcreme	*	*	*	*
lanolin- und mineralölfreie Augencremes und -gels	*	*	*	*
Maske gegen offene Poren und Mitesser		*	*	*
Nährpackung	*	*	*	*
Maske zur Stimulation der Durchblutung		*	*	*
Joghurt und Gurke	*	*	*	*

Die grundlegenden Verfahren der Hautpflege Reinigen

PRODUKT	ANWENDUNG	WIRKUNG
Reinigungscreme (Spatel benutzen) Diese Cremes bieten eine wirksame Reinigung für normale und trockene Haut. Bei sehr trockener Haut sollte man immer eine Creme verwenden.	1. Mit den Fingerspitzen eine kleine Menge nehmen, mit den Fingerspitzen der anderen Hand ein wenig abnehmen, so daß auf beiden Händen Creme ist. 2. Mit Kreisbewegungen von der Gesichtsmitte weg (nach oben und außen) die Creme in Gesicht und Hals einmassieren. 3. Um das Auge herum massiert man die Creme mit kreisenden Bewegungen ein, die von der Nase auf dem oberen Lid zur Schläfe führen und dann unter dem Auge zur Nase zurückkehren. Dabei sollte man vollständige Kreise beschreiben. 4. Mit Wasser abspülen oder mit angefeuchteter Watte abwischen.	1. Entfernt altes Make-up von der Hautoberfläche. 2. Entfernt Ansammlungen von Hautsekreten. 3. Löst Staub und Schmutz. Zum Entfernen von Make-up in der Augenregion ist Reinigungscreme bei jedem Hauttyp hervorragend geeignet. 4. Hilft trockener Haut, sich zu normalisieren.
Reinigungsmilch Diese Präparate haben dieselben Eigenschaften wie Reinigungscreme, werden aber als Lotionen hergestellt. Sie eignen sich für jede nicht allzu trockene Haut.	Wie bei Reinigungscremes.	1. Entfernt altes Make-up von der Haut. 2. Entfernt Ansammlungen von Hautsekreten. 3. Löst Staub und Schmutz. 4. Hilft fettiger Haut, sich zu normalisieren.

PRODUKT	ANWENDUNG	WIRKUNG
Alkoholfreies Gesichtstonikum Ein natürliches Tonisierungsmittel, das die Haut erfrischt, strafft und revitalisiert. Für alle Hauttypen – auch sehr empfindliche – geeignet, da es die Haut nicht austrocknet.	1. Einen Wattebausch mit dem Gesichtstonikum befeuchten (auf die Öffnung halten und dann die Flasche zweimal kippen, dann hat man die richtige Menge). 2. Sanft über Gesicht und Hals wischen (nach außen und oben).	1. Erfrischt und kühlt die Haut. 2. Regt die Gesichtsmuskulatur an. 3. Entfernt alle noch übriggebliebenen Reste von Reinigungscreme, Make-up und Schmutz. 4. Kann, wenn vorher kein Make-up aufgelegt wurde, als Reinigungsmittel benutzt werden, z.B. als erste Pflege am Morgen.

Masken

PRODUKT	ANWENDUNG	WIRKUNG
Maske gegen offene Poren und Mitesser (Spatel benutzen).	1. Eine kleine Menge auf den Handrücken streichen. 2. Die Maske 2 bis 3 Minuten lang in kleinen kreisenden Bewegungen in die Problemzonen der Haut einmassieren. Achten Sie darauf, daß die Substanz feucht bleibt, indem Sie nötigenfalls die Finger zwischendurch in Wasser tauchen. 3. Nicht unter den Augen verwenden, dafür aber in den Augenwinkeln und auf der Oberlippe, um vorzeitigem Altern vorzubeugen. 4. Mit warmem Wasser abspülen und trocken tupfen. 5. Danach Feuchtigkeitscreme oder -lotion auftragen.	1. Normalisiert fettige Haut. 2. Regt an und erfrischt. 3. Die sanft abschleifende Wirkung entfernt tote Zellen aus Hauttälern, so daß die Linien der Falten weniger hervortreten. 4. Hilft, Mitesser zu entfernen. 5. Hilft gegen Pickel (wenn nicht eine ernsthaft Erkrankung zugrunde liegt). 6. Verkleinert offene Poren. 7. Reinigt fettige Haut sehr gründlich. 8. Glättet rauhe Haut (an Fersen, Ellenbogen usw.).

PRODUKT	ANWENDUNG	WIRKUNG
Nährpackung (Spatel benutzen) Zu gleichen Teilen mit Naturjoghurt gemischt erhalten Sie eine hervorragend entspannende und kühlende Maske.	1. Etwa einen Teelöffel voll *rasch* über Gesicht und Hals verteilen (auch unter den Augen), nicht einreiben. 2. Entsprechend den Herstellerangaben eine bestimmte Zeit einwirken lassen. 3. Mit warmem Wasser abspülen und trockentupfen. 4. Danach Feuchtigkeitscreme oder -lotion auftragen.	1. Normalisiert trockene Haut. 2. Erfrischt und glättet. 3. Regt sanft die Durchblutung an. 4. Weicht tote Zellen an der Hautoberfläche auf, so daß sie mit der Maske abgespült werden können. 5. Verkleinert Poren. 6. Macht die Hände weich und glatt.
Maske zur Förderung der Durchblutung (Spatel benutzen). Diese heilenden Masken können wirkungsvoll zur Verbesserung des Hautzustandes beitragen, sind aber mit Vorsicht anzuwenden. Bei empfindlicher Haut kann man sie mit Joghurt mischen.	1. Wie Schritt 1 bei den Nährpackungen. 2. Bei empfindlicher Haut lassen Sie die Maske bei der ersten Behandlung nur 1 Minute auf der Haut und steigern die Zeitdauer langsam auf 3 Minuten bei der 4. oder 5. Behandlung. Bei blasser und stumpfer Haut lassen Sie die Maske 15 bis 20 Minuten auf der Haut. Wenn Ihr Hauttyp irgendwo in der Mitte zwischen diesen Extremen liegt, richten Sie sich mit der Dauer entsprechend darauf ein. 3. und 4. siehe oben.	1. Normalisiert empfindliche Haut. 2. Regt die Durchblutung an und fördert die Gesundheit der Haut. 3. Wirkt wie ein sanftes Abschälen der Haut – entfernt tote Zellen. 4. Verkleinert Poren. 5. Gute Nährpackung für Hände oder Füße.

Hinweis: Jede Maske sofort abspülen, wenn sich vor Ablauf der empfohlenen Zeit ein prickelndes Gefühl oder Juckreiz einstellt.

Der Schutz der Haut

PRODUKT	ANWENDUNG	WIRKUNG
Feuchtigkeitslotion (ohne Lanolin oder Mineralöl) Eine leichte Lotion, die fettiger und normaler Haut die richtige Menge Feuchtigkeit zuführen soll, damit die Haut geschmeidig bleibt. Da sie nicht fettet, ist sie hervorragend geeignet, um Augenlider gut befeuchtet und geschmeidig zu halten.	1. Mit den Fingerspitzen eine kleine Menge nehmen, ein wenig davon mit den Fingerspitzen der anderen Hand abnehmen. 2. Schnell mit den Fingerspitzen über Gesicht *und Hals* verteilen. 3. Die Lotion in Gesicht und Hals einreiben (nach außen und oben kreisen). 4. Nicht die Augenlider vergessen! Sie brauchen den Feuchtigkeitsschutz dringend.	1. Hilft fettiger Haut, sich zu normalisieren. 2. Stellt das natürliche Feuchtigkeitsgleichgewicht der Haut wieder her, indem die durch die Schweißdrüsen abgegebene Feuchtigkeit ersetzt wird. 3. Bildet eine Barriere, die Staub, Schmutz und Make-up daran hindert, in die Poren einzudringen.
Feuchtigkeitscreme (ohne Lanolin und Mineralöl) (Spatel benutzen) Eine Tagescreme, die normaler und trockener Haut die richtige Menge Feuchtigkeit gibt, damit die Haut geschmeidig bleibt und keine Schuppen bildet.	Wie bei Feuchtigkeitslotion. Augen und Hals nicht vergessen.	1. Hilft trockener Haut, sich zu normalisieren. 2. und 3. wie bei Feuchtigkeitslotion. 4. Trägt zur Erhaltung eines hohen Feuchtigkeitsniveaus in der Haut bei.

Die Erhaltung der Haut

PRODUKT	ANWENDUNG	WIRKUNG
Nachtcreme (ohne Lanolin) (Spatel benutzen) Diese Cremes wurden speziell entwickelt, um das Feuchtigkeitsniveau der Haut hoch zu halten und den Alterungsprozeß zu verzögern. Für alle Hauttypen geeignet, da sie normalerweise nicht fettend sein sollten.	Wie bei Feuchtigkeitslotionen. Augen und Hals nicht vergessen. *Hinweis::* Bei fettiger Haut einmal wöchentlich benutzen. Bei trockener Haut jede Nacht benutzen.	1. Macht die Haut weich und schön. 2. Hemmt die Faltenbildung. 3. Trägt zur Erhaltung der natürlichen Hautelastizität bei.
Augencreme und -gel (ohne Lanolin) (Spatel benutzen) Speziell für die hochempfindliche Haut in Augennähe entwickelt. Wirkt der Fältchenbildung entgegen und hält die Haut geschmeidig.	1. Eine sehr kleine Menge auf die Ringfinger streichen. 2. Ums Auge kreisen – von der Nase auf dem oberen Lid zur Schläfe und dann unter dem Auge zurück zur Nase. Längere Zeit kreisen. 3. Kann auch an der Oberlippe angewendet werden, wenn sich dort feine senkrechte Linien zu bilden beginnen.	1. Hält die Haut um die Augen weich und geschmeidig. 2. Mildert bereits vorhandene Linien. 3. Trägt zur Verhinderung neuer Fältchenbildung bei.

4.

Yin, Yang und Shiatsu

Shiatsu ist eine Massageform aus dem Osten, die auch manchmal „Akupunktur ohne Nadeln" oder „Akupressur" genannt wird. Sie soll den Energiefluß anregen und ausgleichen. Um sie mit Erfolg anzuwenden, muß der Massierende sich voll und ganz auf die massierte Person einstellen.

Um Shiatsu-(Fingerdruck-)Massage gründlich zu verstehen, muß man sich mit der Bedeutung der Prinzipien Yin und Yang befassen.

Im Osten werden alle Naturkräfte in zwei Kategorien unterteilt: in passive (oder negative) „Yin"-Kräfte und in aktive (oder positive) „Yang"-Kräfte. Die Naturkräfte sind in fünf Kategorien unterteilt (Holz, Feuer, Wasser, Metall und Erde).

Yin und Yang sind ständig bestrebt, einander auszugleichen, in der Natur wie auch in der menschlichen Persönlichkeit. Die Natur findet ihre Balance von selbst, wenn aber am menschlichen Körper etwas nicht in Ordnung ist, ist die Yin-Yang-Balance gestört, und man zieht am besten jemanden zu Rate, der sich mit diesen Kräften auskennt. Zum besseren Verständnis hier ein paar charakteristische Eigenschaften von Yin und Yang:

Yin	Yang
negativ	positiv
passiv	aktiv
„weiblich"	„männlich"
dunkel	hell
Erde	Himmel
leer	voll

So wie diese Eigenschaften einander ergänzen und bedingen, so zeigen die folgenden Beispiele das Zusammenspiel und die Harmonie von Yin und Yang in der Natur und im Menschen:

Nach Regen kommt Sonnenschein.
Nach einem Sturm folgt Windstille.
Ein durstiger Mensch trinkt, um seinen Durst zu stillen.
Nach anstrengender sportlicher Betätigung muß sich der Körper entspannen.
Ein deprimierter Mensch braucht Aufmunterung.
Ein angespannter Mensch braucht Ruhe und Entspannung.

SHI ATSU

Die Körperenergie fließt entlang unsichtbarer Linien im menschlichen Körper. Diese werden „Meridiane" genannt und stehen mit bestimmten Organen in Beziehung. Die Organe (und ihre Meridiane) ergänzen einander, deshalb werden sie entweder Yin-Meridiane oder Yang-Meridiane genannt.

In allen Yang-Meridianen fließt die Energie vom Kopf zu den Füßen, beziehungsweise, wenn die Arme nach oben ausgestreckt werden, von den Fingerspitzen zu den Schultern.

Yin-Meridiane
Herz (Innenarm)
Herzkreislauf/Sexus (Innenarm)
Lunge (Innenarm)
Leber (vorn am Körper)
Niere (vorn am Körper)
Milz/Pankreas (vorn am Körper)

Yang-Meridiane
Dünndarm (Außenarm)
Dreifacher Erwärmer (Außenarm)
Dickdarm (Außenarm)
Galle (seitlich am Körper)
Blase (hinten am Körper)
Magen (vorn am Rumpf und an der Außenseite des Beins)

In allen Yin-Meridianen fließt die Energie den Körper hinauf, von den Füßen zum Kopf, bzw. von den Schultern in die Fingerspitzen.

Entlang dieser Linien gibt es Punkte, die mit verschiedenen körperlichen Bereichen geistiger und physischer Art verbunden sind. Wenn man auf diese Punkte in der richtigen Weise Druck ausübt, kann man den Körper bei guter Gesundheit halten oder bereits vorhandene Symptome lindern.

Menschen unterliegen ebenfalls den Kategorien von Yin und Yang. In ein und demselben Menschen können auch manche Aspekte eher Yin, andere eher Yang sein. Außerdem ändert sich das Verhältnis zwischen Yin und Yang ständig, da die Natur immer wieder ein Gleichgewicht herzustellen versucht. Im Prinzip aber kann man das Verhalten eines einzelnen Menschen meistens eher dem Yin-Typ oder eher dem Yang-Typ zuordnen.

Yin	Yang
schlank	untersetzt
schwach	stark
teilnahmslos	aktiv

Dies muß unbedingt berücksichtigt werden, denn wenn wir jemanden als „Yin" diagnostizieren, muß die gesamte Shiatsu-Massage an diesem Menschen der Flußrichtung der Meridiane folgen, also bei den Yin-Meridianen nach oben, bei den Yang-Meridianen nach unten.

Auch muß man bei dem einen Typ einen anderen Druck anwenden als beim anderen. Generell aber sollte Shiatsu nur angewendet werden, während der Behandelte *aus*atmet.

Yin	Yang
langsamer sanfter Druck	plötzlicher starker Druck
langsam nachgeben	schnell loslassen
mit dem Energiefluß im Meridian	*gegen* den Energiefluß

Die Shiatsu-Druckpunkte sind schwieriger zu finden als die Reflexpunkte in der Reflexzonenmassage. Man braucht viel praktische Erfahrung, um ein wirklich fähiger Shiatsu-Masseur zu werden und anderen optimal zu helfen.

Bei meiner Aromatherapiemassage werden viele Shiatsu-Druckpunkte automatisch mitstimuliert. Es ist aber auch möglich, die Punkte in einer gesonderten Behandlung einzeln nach den jeweiligen Bedürfnissen der Person zu stimulieren. Dann wird man auch, je nachdem ob sich die Person in einem Yin- oder Yang-Zustand befindet, mit dem Energiefluß in den Meridianen oder gegen ihn massieren.

Das klingt alles ziemlich verwirrend – oder besser: es ist verwirrend. Um aus dieser Massageart wirklich Gewinn zu ziehen, braucht man einen sehr erfahrenen Shiatsu-Therapeuten.

Doch auch als Laie kann man zumindest einige Grundtechniken des Shiatsu anwenden und sie mit Effleurage verbinden. Voraussetzung dafür ist allerdings, daß man die Prinzipien von Yin und Yang begriffen hat, sich über den Energiefluß in den Meridianen genau informiert hat, und daß ein vollständiges Einverständnis, ein gegenseitiges Einfühlen, zwischen dem Massierenden und dem Massierten herrscht.

Auf die Punkte, an denen man am häufigsten arbeitet, und auch auf die, die bei der Aromatherapiemassage automatisch mit abgedeckt werden, gehe ich im Kapitel über die Technik der Aromatherapiemassage genauer ein.

Bevor man die („tsubo" genannten) Shiatsu-Punkte drückt, sollte man den Meridian sanft mit den Daumen in der richtigen Richtung abstreichen, also mit dem normalen Energiefluß, wenn der Patient Yin ist, und in die Gegenrichtung, wenn er Yang ist. Dann erst stimuliert man der Reihe nach (von den niedrigen Zahlen zu den höheren oder umgekehrt) die Shiatsu-Punkte, wobei man wieder je nach der Situation der behandelten Person mit der Meridianrichtung oder dagegen vorgeht. Wem das zu kompliziert erscheint, der kann trotzdem noch einige Wirkung erzielen, indem er die Punkte ohne Einhaltung der korrekten Reihenfolge stimuliert, vorausgesetzt er wendet den richtigen Druck an, also sanft beim Yin-Zustand und stark beim Yang-Zustand usw..

Ich benutze bei den folgenden Tafeln der Übersichtlichkeit halber teilweise folgende Abkürzungen für die Meridiane:

Yang (siehe *Abb. 2*)

Dünndarm	Dü – außen am Arm
Blase	Bl – Seitlich am Rücken und an der Rückseite der Beine

41

Dreifacher Erwärmer	3E – außen am Arm
Gallenblase	Gb – Außenseite von Körper und Beinen
Dickdarm	Di – außen am Arm
Magen	M – seitlich vorn am Körper und auf der Vorderseite der Beine
Lenkergefäß	L – in der Mitte von Rücken und Hinterkopf

Yin (siehe *Abb. 3*)

Herz	H – innen am Arm
Niere	Ni – seitlich vorn am Körper und auf der Vorderseite der Beine
Herzkreislauf	HK – innen am Arm
Leber	Le – Innenseite der Beine und seitlich vorn am Körper
Lunge	Lu – innen am Arm
Milz/Pankreas	MP – seitlich vorn am Körper und auf der Vorderseite der Beine
Konzeptionsgefäß	K – in der Mitte vom Gesicht

Nicht alle Meridiane und Druckpunkte werden in diesem Buch vollständig beschrieben, ich gebe nur eine nützliche Auswahl an.

Auch für die Wirbel benütze ich Abkürzungen, und zwar

        HW – für die Halswirbel
        BW – für die Brustwirbel
        LW – für die Lendenwirbel
        S   – für das Sakrum oder Kreuzbein

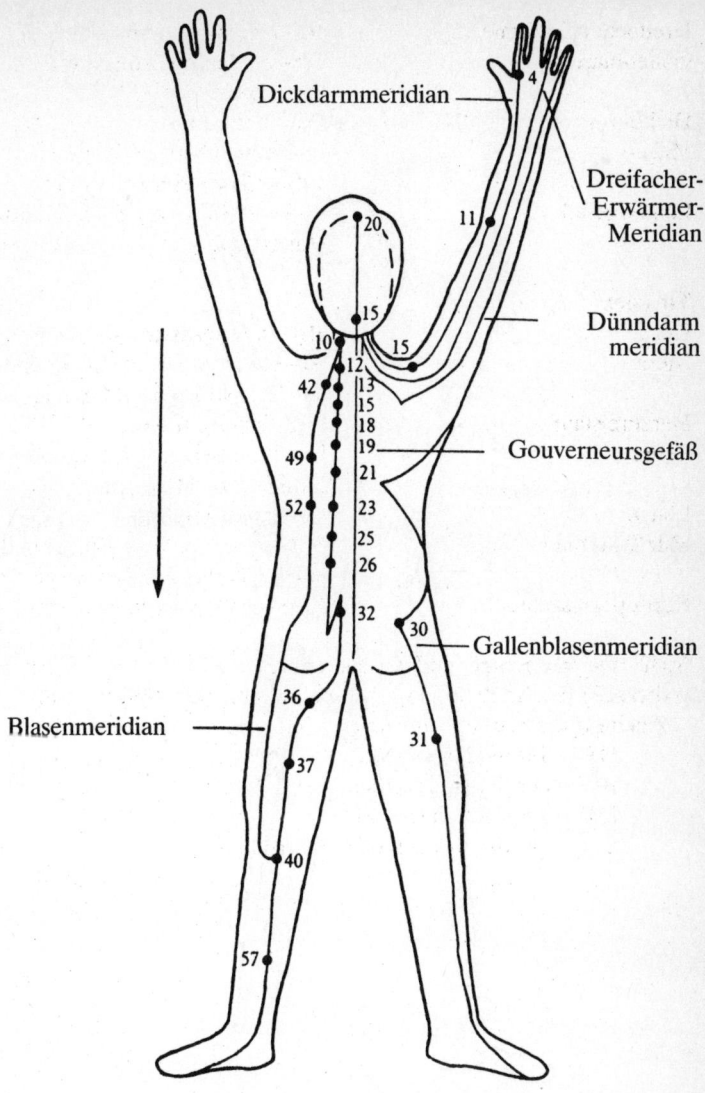

Abb. 2: Die Yang-Meridiane

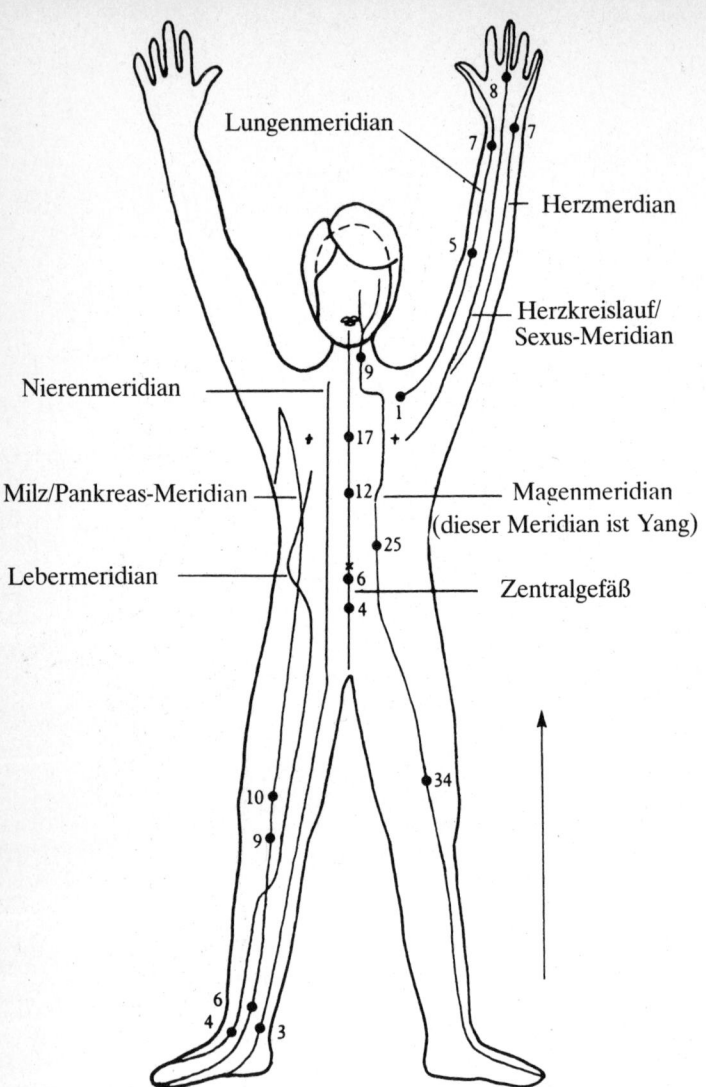

Lungenmeridian

Herzmerdian

Herzkreislauf/
Sexus-Meridian

Nierenmeridian

Milz/Pankreas-Meridian

Magenmeridian
(dieser Meridian ist Yang)

Lebermeridian

Zentralgefäß

Abb. 3: Die Yin-Meridiane

44

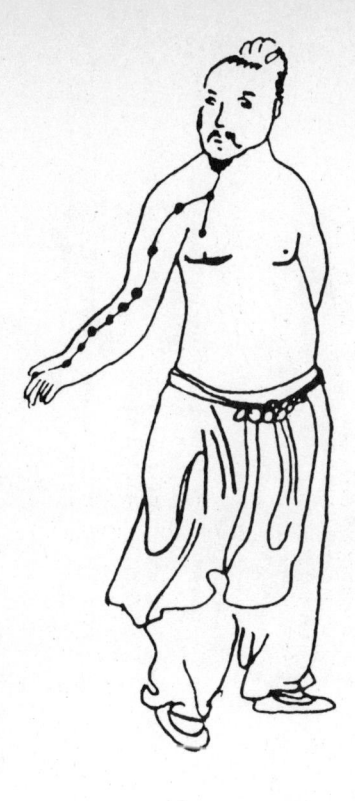

Abb. 3a: Außen am Arm verlaufen die Yang-Meridiane, innen die
Yin-Meridiane

Tabelle der Druckpunkte

Druckpunkt Rücken	Symptome	Position	Name
Bl 10	Kopfschmerzen, Schnupfen, Nasenprobleme	2½ cm von der Wirbelsäulenmitte zwischen HW 1 und HW 2	Ten Chu – Pfeiler des Himmels
Bl 12	Atembeschwerden	2½ cm von der Wirbelsäulenmitte zwischen BW 2 und BW 3	Fu Mon – Tor des Windes
Bl 13	Beschwerden im Brustbereich	2½ cm von der Wirbelsäulenmitte zwischen BW 3 und BW 4	Hai Yu – mit der Lunge verbundener Punkt
Bl 42	Schulter- und Nackenschmerzen	7½ cm von der Wirbelsäulenmitte zwischen BW 3 und BW 4	Haku Ko
Bl 15	Reizbarkeit, Herzschwäche	2½ cm von der Wirbelsäulenmitte zwischen BW 5 und BW 6	Shin Yu – mit dem Herzen verbundener Punkt
Bl 18	Leberbeschwerden, Seekrankheit	2½ cm von der Wirbelsäulenmitte zwischen BW 9 und BW 10	Kan Yu – mit der Leber verbundener Punkt
Bl 19	Gallenbeschwerden	2½ cm von der Wirbelsäulenmitte zwischen BW 10 und BW 11	Tan Yu – mit der Gallenblase verbundener Punkt
Bl 49	Magenschmerzen, nervöse Spannungen	7½ cm von der Wirbelsäulenmitte zwischen BW 11 und BW 12	I Sha
Bl 21	Magenbeschwerden	2½ cm von der Wirbelsäulenmitte zwischen BW 12 und LW 1	I Yu – mit dem Magen verbundener Punkt
Bl 23	Mattheit, Nierenbeschwerden	2½ cm von der Wirbelsäulenmitte zwischen LW 2 und LW 3	Jin Yu – mit der Niere verbundener Punkt
Bl 52	Schmerzen im Lendenwirbelbereich, Nierenbeschwerden, Energielosigkeit	7½ cm von der Wirbelsäulenmitte zwischen LW 2 und LW 3	Shi Shitsu – Kammer der Geister
Bl 25	Verstopfung	2½ cm von der Wirbelsäulenmitte zwischen LW 4 und LW 5	Dai Cho Yu – mit dem Dickdarm verbundener Punkt

Tabelle der Druckpunkte

Druckpunkt	Symptome	Position	Name
Bl 26	Verdauungsbeschwerden, sexuelle Probleme unregelmäßige Menstruation	2½ cm von der Wirbelsäulenmitte zwischen LW 5 und S	Kan Gen Yu
Bl 32		die zweite Vertiefung im Kreuzbein	Gi Ryo – zweites Loch
Beine (Rückseite)			
Bl 36	Ischias, Schmerzen im Lenden-wirbelbereich, Gesäßbasis,	Oberschenkel oben Mitte	Sho Fu
Bl 37	Ischias, müde Beine,	Oberschenkel hinten Mitte, 15 cm unter der Gesäßfalte	I Mon
Bl 40	Schmerzen im Lendenwirbelbereich, Wadenkrämpfe,	Knieinnenseite Mitte	I Chu
Bl 57	Ischias, müde Beine, Krämpfe,	Mitte des Gastrocnemius (Wadenmuskel) am Muskelansatz – etwa auf halbem Wege zwischen Knie und Ferse	Shyo Zan – im Berge
Gb 30	Ischias, Schmerzen im unteren Rückenbereich;	in der Vertiefung seitlich neben dem Gesäß	Kan Chyo
Gb 31	schlechte Durchblutung der Beine;	Außenseite des Oberschenkels, an der Spitze des Mittelfingers, wenn man die Arme herabhängen läßt	Fu Shi – Markt des Windes

Druckpunkt Beine (Vorderseite)	Symptome	Position	Name
M 34	Magenschmerzen, Arthritis im Knie	5 cm oberhalb der Kniescheibe etwas außen von der Mitte (besser bei gebeugtem Knie zu finden	Rio Kyu – auf dem Hügel
Ni 3	Nierenbeschwerden	zwischen Fußknöchel und Achillessehne	Tai Kei – große Furche
MP 6	Schlaflosigkeit, Übergewicht, Schmerzen bei der Menstruation Verdauungsprobleme	die vier Finger innen an den Unterschenkel legen, so daß der kleine Finger auf dem Knöchel liegt. Auf der Höhe des Zeigefingers, hinterm Schienbein, liegt MP 6	San Yin Ko – Treffpunkt der drei Yin-Beinmeridiane
MP 9	Schmerzen im Knie	oben am Schienbein an der Innenseite des Beines	Yin Ryo Sen – Yin-Bergweiher
MP 10	Juckreiz, Neurodermitis, Menstruationsschmerzen	Vertiefung an der Beininnenseite 5 cm von der Kniescheibe diagonal nach oben	Ketsu Kai – Meer von Blut
Le 4	Arthritis im Fußgelenk	halbwegs zwischen dem vorderen Rand des Fußknöchels und der Fußoberseite	Chu Ho
Kopfhaut Gb 20	Erkältung, Kopfschmerzen	2½ cm überdem Haaransatz, an den Seiten der großen Halsmuskeln	Fu Chi – Weiher des Windes
Bl 10	Kopfschmerzen, verstopfte Nase	2½ cm von der Wirbelsäulenmitte zwischen HW 1 und HW 2	Ten Chu – Pfeiler des Himmels
L 15	Kopfschmerzen, Erkältung	auf der Mitte der Wirbelsäule zwische HW 1 und HW 2	A Mon – Tor des Narren
L 20	Kopfschmerzen	in der Mitte der Linie, die die oberen Ränder der Ohren verbindet oben auf dem Kopf	Hya Kue – einhundert Begegnungen

Druckpunkt	Symptome	Position	Name
L 23	Kopfschmerzen, Nasenbeschwerden	Kopfmitte, Handgelenksansatz auf Nasenspitze legen, die Spitze des Mittelfingers berührt dann den Druckpunkt	Jo Sei – oberer Stern
Gesicht			
M 1	Verspannungen, müde Augen	auf dem Jochbein unter der Augenmitte	Sho Kyu
M 3	Neben- und Stirnhöhlenbeschwerden, verstopfte Nase, Gesichtsverspannungen	4 cm unter M1, auf gleicher Höhe mit der Nasenbasis	Kyo Sho
M 4	Gesichtsverspannungen, allgemeine Verspannungen	Mundwinkel	Chi So
M 6	Zahnschmerzen	am Kiefergelenk, etwa 2½ cm vor der Unterkante des Ohrläppchens zwischen Unterlippe und Kinn	Kyo Shya
Endpunkt von K	Verspannungen von Gesicht und Mund		
Bl 1	Kopfschmerzen, müde Augen	direkt neben dem inneren Augenwinkel	Sei Mei – helles Licht
Gb 1	Augenbeschwerden, Kopfschmerzen	auf der Schläfe etwa 2½ cm vom äußeren Augenwinkel	Do Shi Ryo
Gb 2	Ohrensausen	Vertiefung vor dem und oberhalb vom Ohrläppchen	Cho E – Punkt des Hörens
außerdem:	Kopfschmerzen, verstopfte Nase	zwischen den Augenbrauen	In Do
	Kopfschmerzen, geschwollene Augen, Benommenheit	2½ cm diagonal nach oben von Gb 1 direkt hinter dem Haaransatz	Tai Yo
Arme			
Di 4	allgemeines Wohlbefinden, Zahnschmerzen	auf halbem Wege zwischen Daumen und Zeigefinger	Go Kuku – Bergen begegnen

Druckpunkt	Symptome	Position	Name
Di 11	Beschwerden an den Armen	in der Furche, die entsteht, wenn der Ellenbogen angewinkelt wird	Kyoku Chi – See der Energie
Di 15	Schmerzen im Schultergelenk, steife Schulter	in der Vertiefung an der Außenseite des Schulterblattes oben an der Schulter	Ken Gu – Schulterecke
Lu 5	Husten, Schmerzen beim Atmen	etwas über Di 11 direkt unter der Sehne	Shoku Taku – in der Furche
Lu 7	Blutandrang, Kopfschmerzen	etwa 2½ cm hinter dem Handgelenk in einer Linie mit dem Daumen	Retsu Ketsu
H 7	Schlaflosigkeit, Reizbarkeit	schräg über dem äußeren Handgelenkknochen	Shin Mon – Gottes Tor
HK 8	Erschöpfung	auf der Handfläche zwischen den Spitzen von Mittel- und Ringfinger, wenn man die Finger zur Handfläche biegt	Ro Kyu – Palast der Besorgnis
Unterleib			
K 4	Frigidität, Menstruationsbeschwerden	7½ cm unterhalb des Bauchnabels	Kan Gen – Tor des Ursprungs
K 6	Bauchschmerzen, Verstopfung, Durchfall	4 cm unterhalb des Nabels Das Gebiet um die beiden eben beschriebenen Druckpunkte heißt	Ki Kai – Ozean der Energie Tan Den
K 12	Übelkeit, Erbrechen	mitten auf dem Unterleib 12 cm oberhalb des Nabels	Chu Kan – auf halbem Weg
M 25	Bauchschmerzen, Durchfall	5 cm seitlich des Nabels	Ten Su

5.

Die Reflexzonentherapie

Der Begriff Reflexologie läßt sich nicht einfach aus seinem Namen erklären, so wie die Psychologie oder die Aromatherapie. Das mag zum Teil daran liegen, daß die Reflexologie auch unter den Namen „Reflexzonenmassage", „Druck- oder Druckpunktmassage" bekannt ist.

Die westliche Medizin kennt neun körperliche Systeme. Sie können im Körper beobachtet werden, und ihre Funktionsweise ist erforscht und nachgewiesen. Erst heute beginnt man im Westen langsam zu akzeptieren, daß auch noch andere, schwerer erklärbare „Systeme" im menschlichen Körper vorhanden sind. Systeme, die man im Osten seit Jahrhunderten nutzt, um die neun hierzulande bekannten und die zu ihnen gehörenden Organe zu behandeln. Ein Beispiel dafür ist das System der Meridiane in der Akupunktur und Akupressur, ein anderes ist das „Zonensystem", auf dem die Druckpunkttherapie oder Reflexologie beruht. Die Reflexologie ist eine der wenigen Therapien, die bestimmten Körperteilen Erleichterung verschafft, obwohl ganz andere Körperteile behandelt werden.

Es gibt über die Reflexologie viel Literatur, und da es in diesem Buch um Aromatherapie geht, kann ich nicht allzu detailliert darauf eingehen. Die wichtigsten Aspekte bei der Reflexologie sind:

a) Sie ist eine rasche und genaue Form der Diagnose.
b) Sie behandelt körperliche Störungen mit natürlichen Mitteln.
c) Sie beugt Krankheiten vor.
d) Sie entspannt den gesamten Körper und Geist und hat deshalb unschätzbaren Wert beim Abbau von „Spannungen" – der meistverbreiteten „Krankheit" heutzutage.

Der Begriff „Reflexologie" ist leicht mißzuverstehen. Deshalb möchte ich zunächst erklären, um was es sich *nicht* handelt!

Unser Nervensystem

In unseren Nervensystemen werden willkürliche und unwillkürliche Reaktionen auf bestimmte Situationen ausgelöst. Aufgabe des Nervensystems ist es einerseits, dem Gehirn Informationen über die Außenwelt und über die Vorgänge in unserem Körper zu vermitteln, andererseits soll es Befehle vom Gehirn in alle Teile des Körpers transportieren.

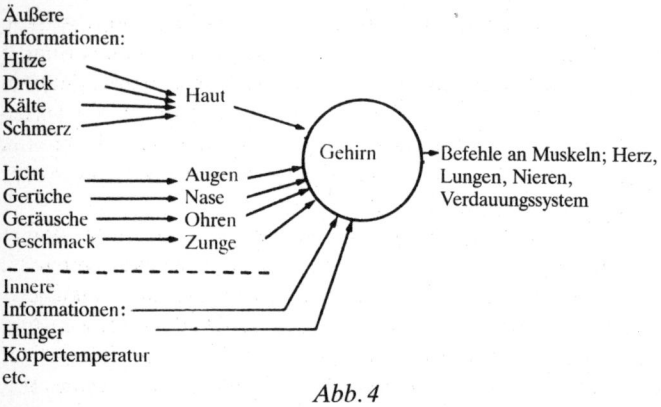

Abb. 4

Eine willkürliche Reaktion findet dann statt, wenn wir die bewußte Entscheidung treffen, etwas Bestimmtes zu tun. Wenn z.B. ein Bleistift auf dem Tisch liegt, fangen unsere Augen seine Lichtreflexionen auf; das Gehirn entscheidet, den Bleistift hochzuheben und schickt diese Botschaft in die entsprechenden Muskeln von Arm und Hand.

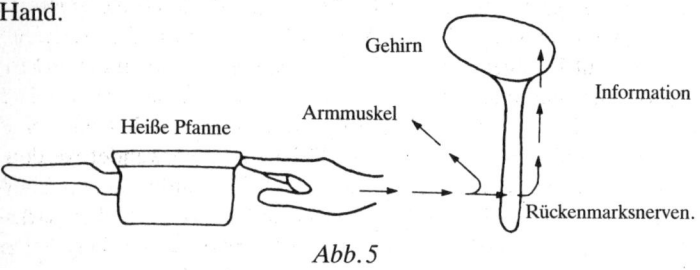

Abb. 5

52

Eine unwillkürliche Reaktion ereignet sich z.B., wenn wir eine heiße Pfanne berühren. Die Wärmesensoren in der Haut senden eine dringende Warnung aus, die in dieser Notsituation von den Rückenmarksnerven aufgenommen wird. Von dort geht ein Signal zu den Armmuskeln, damit sie die Hand außer Gefahr bringen. Gleichzeitig geht eine Botschaft ans Gehirn, dem so bewußt wird, was vorgeht, so daß es den Körper für weitere Schritte vorbereiten kann. Unwillkürliche Reaktionen nennt man auch Reflexhandlungen (siehe Abb. 5).

Andere Reflexhandlungen laufen im (automatisch oder unwillkürlich) autonomen Nervensystem ab. Wie der Name schon vermuten läßt, finden diese Reaktionen statt, ohne daß wir sie bewußt steuern oder kontrollieren. Das Herz schlägt, ohne daß wir es damit beauftragen müssen; das Verdauungssystem arbeitet, ohne daß wir ihm mit dem bewußten Teil des Gehirns Befehle geben – und wir können uns glücklich schätzen, daß das so ist.

Das autonome Nervensystem besteht aus einer Kette kleiner Energiezentren, die Ansammlungen von Nervenzellen enthalten. Darunter gibt es einige Hauptzentren, die man „Plexus" nennt. Der „Solarplexus" (das Sonnengeflecht) ist das größte derartige Zentrum und am ehesten dem Bewußtsein zugänglich. Er ist von einzigartiger Wichtigkeit, denn er ist das Zentrum der Gefühle. Unter bestimmten Umständen können von ihm deutlich ausgeprägte Empfindungen von Unwohlsein ausgehen.

Die Reflexe, von denen ich eben gesprochen habe, sind im Westen wohlbekannt, man kann die Zusammenhänge in jedem medizinischen Lehrbuch nachlesen. Die Basis der Reflexologie sind jedoch nicht die Reflexe, die durch das Nervensystem übermittelt werden. Die Mediziner wissen nicht viel über sie – die Reflexologie ist immer noch eher eine Kunst als eine Wissenschaft – und wie die Meridiane sind sie auf Röntgenbildern oder beim Sezieren nicht zu entdecken. Aber: Die Methode funktioniert, das ist alles, was wir wissen. Die Reflexologie ist in vielen Teilen der Welt weitverbreitet und kann sowohl zur Diagnose als auch zur Behandlung verwendet werden. Untersuchungen haben gezeigt, daß die hierbei auftretenden Energiereflexe *nicht* die Wirbelsäule kreuzen und nicht den Rückenmarksnerven folgen, sondern stattdessen bestimmten Verbindungslinien zwischen den Körperzonen. Zum Beispiel steht der Augenreflex im linken Fuß auch mit dem *linken* Auge in Verbindung, nicht mit dem rechten, wie man aufgrund der Struktur des Zentralnervensystems erwarten sollte. Organe, die in derselben Zone liegen, stehen oft zueinander in Beziehung, und es sind häufig zwei Organe gleichzeitig blockiert, z.B. Augen und Nieren, die in derselben Zone liegen.

Wenn wir also zumindest annäherungsweise eine Definition der Reflexologie versuchen wollen, können wir nur sagen, daß es sich dabei um eine althergebrachte östliche Behandlungsmethode handelt, die sich bestimmte geheimnisvolle Verbindungswege oder Energieflußlinien im Körper zunutze macht (siehe *Abb. 6*).

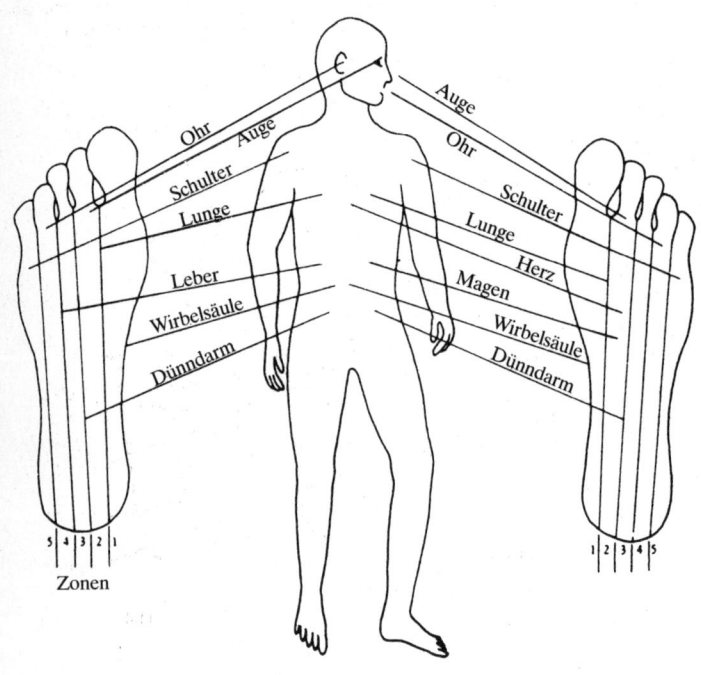

Abb. 6: Beziehungen zwischen Körperteilen und Fußregionen

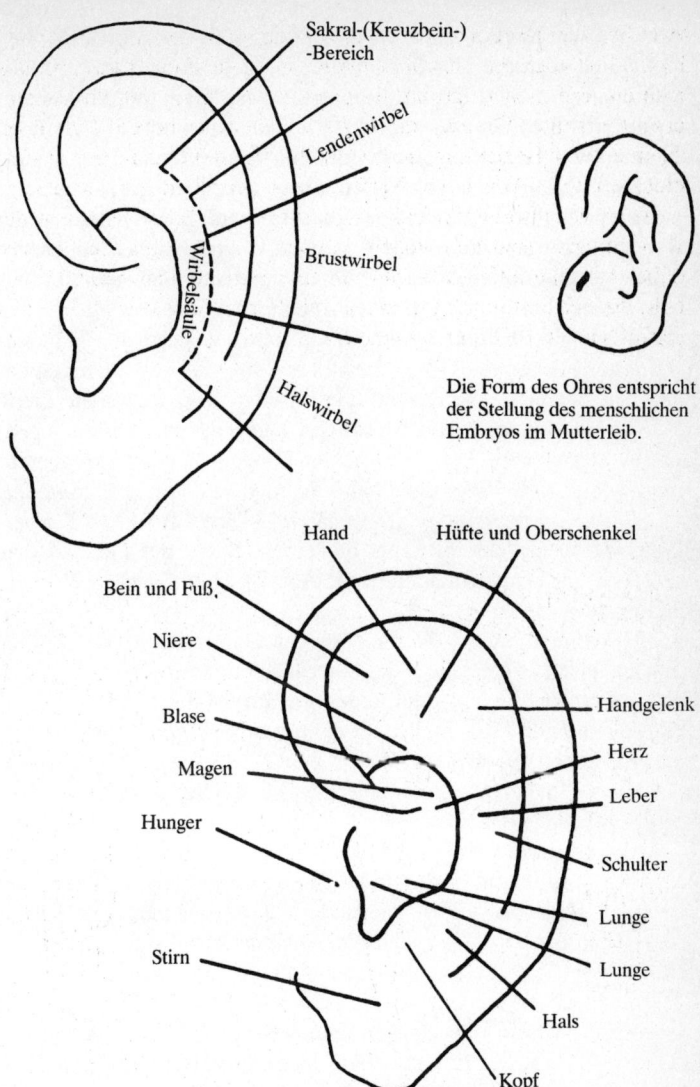

Sakral-(Kreuzbein-)-Bereich

Lendenwirbel

Wirbelsäule

Brustwirbel

Halswirbel

Die Form des Ohres entspricht der Stellung des menschlichen Embryos im Mutterleib.

Hand

Hüfte und Oberschenkel

Bein und Fuß

Niere

Blase

Magen

Hunger

Stirn

Handgelenk

Herz

Leber

Schulter

Lunge

Lunge

Hals

Kopf

Abb. 7: Akupressurregionen des Ohres

Was ist Reflexologie, und wie kann sie Ihnen helfen?

Wenn man die Stellen massiert, an denen diese Verbindungslinien an die Oberfläche treten, bewirkt das Entspannung und trägt sehr zur Normalisierung des Körperzustandes bei. Am leichtesten kann man diese Stellen an den Füßen auffinden, aber sie treten auch an Händen und Ohren an die Oberfläche. Hier muß gesagt werden, daß diese Punkte nur einen Hinweis auf die wahrscheinlich gestörten Organe geben können. Man erkennt an ihnen nur, daß eine Störung vorhanden ist, nicht den Grund für die Störung.

Reflexologie ist keine Heilmethode, obwohl sie in den Händen erfahrener Fachleute Heilung bewirken kann. Sie soll auch keinen Ersatz für medizinische Diagnose und Behandlung darstellen. Dennoch ist sie äußerst hilfreich und ruft keine der Nebenwirkungen hervor, die man von konventionellen Drogen und Medikamenten kennt. Der Erfolg hängt davon ab, daß man die Reflexzonen in der richtigen Weise massiert. Jedes Organ und jeder Muskel im Körper sind durch einen Energiekanal mit einem Punkt am Fuß, an der Hand und am Ohr verbunden (siehe *Abb. 7*). Dabei wird die Wirbelsäule nicht gekreuzt.

Das Faszinierende an diesen Reflexpunkten ist die Tatsache, daß die Stellen, an denen sie an die Oberfläche treten, genauso verteilt sind wie die entsprechenden Stellen im Körper. Die meisten findet man an den Fußsohlen. Stellen Sie einmal die Füße dicht nebeneinander und stellen Sie sich vor, die großen Zehen seien der Kopf, die äußeren Fußballen die Schultern, die Mittellinie, die Wirbelsäule usw. Alles paßt, die Innenseite des Fußes ist geschwungen wie die Wirbelsäule, in der Taillengegend wird der Fuß schmaler, und alle Körperorgane, die über der Taille liegen, haben ihre Reflexpunkte über der Taille des Fußes, die andern liegen entsprechend tiefer. Gute Anatomiekenntnisse sind eine wichtige Voraussetzung für die Reflexologie. Die besten Reflexzonentherapeuten haben meistens eine medizinische Ausbildung.

Wenn die Blutzirkulation aus irgendwelchen Gründen gestört ist, werden die Organe, die in der Nähe der Störung liegen, in Mitleidenschaft gezogen. Gleichzeitig wird der Energiekanal blockiert oder verengt, und es bilden sich kristalline Ablagerungen an dem Reflexpunkt, der das gestörte Organ repräsentiert. Man weiß bisher nicht, ob diese Kristalle sich am Übergang zwischen Arterien und Venen in der Blutbahn ablagern oder vielleicht an den Nervenenden. Wenn sie aber da sind, kann man sie deutlich fühlen und mit der korrekten Druckmassage auch abbauen. Das bringt Entspannung und befreit von den Krankheitssymptomen.

Grundlage guter Gesundheit ist das Prinzip des Gleichgewichts, wenn alle körperlichen Systeme wie von der Natur vorgesehen arbeiten und zusammenwirken, um dem Körper dieses Gleichgewicht, also seine Gesundheit, zu erhalten. Wenn man einmal von den geheimnisvolleren Qualitäten des menschlichen Körpers (wie z.B. unserer Fähigkeit zu denken) absieht, ist er mit einer komplizierten Maschine zu vergleichen, in der das Blut die Funktion von Öl hat. Deshalb ist es für das reibungslose Funktionieren dieser Maschine unerläßlich, daß das Blut ungehindert durch den Körper fließen kann.

Wenn der Körper irgendwie oder irgendwo verstopft ist, kann die Blutzirkulation nur schlecht sein. Wenn der Blutkreislauf durch Anspannung oder Streß gestört wird, kann Krankheit die Folge sein, weil die Organe nicht genügend Blut empfangen (siehe *Abb. 8*). Jede Zelle befindet sich in einem ständigen Wechsel von Kontraktion und Entspannung. Wenn diese Vorgänge gestört werden, kann die Blutzirkulation auch nicht optimal funktionieren, und alsbald stellen sich Organschäden ein. Jedes Organ und jeder Teil des Körpers *brauchen* eine gut funktionierende Blutzufuhr, um vollständig gesund zu bleiben.

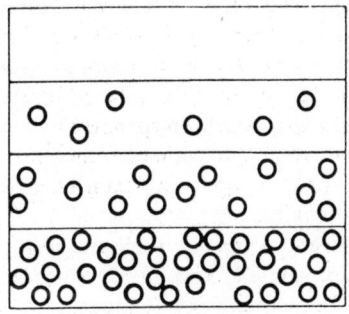

Gute Blutzufuhr – Gesundheit

1. Beeinträchtigte Blutzirkulation

2. Angegriffenes Gewebe

3. Krankheit

Abb. 8: Die Stufen der Verstopfung der Blutbahnen

Reflexologie als Diagnosemethode

Aromatherapeuten gebrauchen die Reflexologie nur für diagnostische Zwecke. Wer durch Reflexzonenmassage behandeln will, benötigt eine zusätzliche Ausbildung. Wie schon im Kapitel über Aromatherapiemassage erwähnt, haben jedoch viele Menschen eine natürliche Begabung für bestimmte Behandlungstechniken. Für solche Menschen erläutere ich im folgenden ausführlich auch die Behandlungsmethode.

Wenn man die Reflexologie nur als diagnostisches Verfahren benutzt, drückt man die Reflexpunkte nur kurz, um festzustellen, ob eine Störung vorliegt oder nicht. Dabei geht man nacheinander alle Körperbereiche durch. Die darauf folgende Behandlung konzentriert sich auf die Bereiche, in denen Blockaden vorliegen. Dabei wendet man nicht in allen Fällen den gleichen Druck oder die gleiche Druckdauer an.

Wie man eine Blockade erkennt

Wenn in der richtigen Weise Druck ausgeübt wird, kann man eine Blockade am Reflexpunkt immer fühlen. Die Empfindungen schwanken dabei zwischen „irgendwie unangenehm" und messerscharfem Schmerz. Der Praktiker kann seinerseits kleine Unebenheiten wie Schrotkugeln unter der Haut spüren, ansonsten muß er sich auf die Reaktion des Behandelten verlassen. Deswegen sollte man beim Behandeln nicht nur die Füße, die man gerade bearbeitet, im Auge behalten, sondern auch das Gesicht der behandelten Person. Drei oder vier Minuten Massage in einer gestörten Reflexzone sind normalerweise ausreichend.

Reflexzonenmassage stimuliert die Blutzirkulation und alle anderen Körpersysteme, deshalb sollte man niemanden behandeln, der
1. gerade eine Mahlzeit zu sich genommen hat oder hungrig ist,
2. eine schwierige Aufgaben vor sich hat oder
3. viele Schlafmittel oder andere Medikamente genommen hat (in diesem Fall allerdings kann eine sanfte Massage doch angebracht sein, denn solche Menschen können Reflexzonenmassage meist gut gebrauchen).

Wenn jemand zum erstenmal eine Reflexzonenmassage erhält, ist es möglich, daß er an den blockierten Punkten starke Schmerzen empfindet. Das muß nicht auf eine ernsthafte Störung hindeuten, sondern wird manchmal einfach von kurzfristigen Verspannungen verursacht. Deshalb sollten alle Behandlungssitzungen – besonders die erste – mit einer sanften Massage beginnen, um einen entspannten Zustand herzustellen. Auch der Solarplexus sollte sanft massiert werden.

Überschneidungen der Reflexzonen

Man sollte sich klar machen, daß die Organe im Körper oft sehr nah beieinanderliegen oder sich überlappen. So verhält es sich auch mit den dazugehörigen Reflexzonen. Wenn man zum Beispiel in der Magenreflexzone eine deutliche Reaktion erhält, könnte auch die Bauchspeicheldrüse gestört sein; auch Lunge und Herz überlappen einander, usw. Der Praktiker sollte sich Fragen und Reaktionen also genau überlegen, und noch vorsichtiger bei der Beantwortung von Fragen der behandelten Person sein, damit sie oder er nicht unnötig geängstigt wird. Wird ein ernsthaftes Problem vermutet, sollte man den Menschen an einen Arzt verweisen. Ansonsten ist es besser, über allgemeinere Dinge als über spezielle Einzelheiten zu sprechen und auch nicht alles zu erzählen, was man glaubt, herausgefunden zu haben. Trotzdem kann Reflexzonenmassage in dem empfindlichen Bereich erfolgreich sein, auch wenn man die behandlungsbedürftige Stelle nicht exakt lokalisieren kann.

Die Reflexzonen stehen untereinander in Beziehung. Wenn eindeutig eine Magenstörung vorliegt, sollten alle Punkte massiert werden, die mit dem Verdauungssystem zu tun haben. Wenn der Nierenbereich gestört ist, sollte man die Reflexzonen aller Organe, die mit Ausscheidung zu tun haben, massieren.

Das Allerwichtigste: Entspannung

Sorgen Sie immer dafür, daß die behandelte Person bequem sitzt oder liegt, damit sie möglichst entspannt ist – das ist wesentlich. Die Blutzirkulation – der Schlüssel zu allen Körperfunktionen – kann nur in einem entspannten Körper richtig funktionieren. Ich habe bereits erwähnt, daß das Blut durch verspannte Körperregionen nicht gleichmäßig fließen kann. Deshalb werden Giftstoffe nicht schnell genug beseitigt, und eine Störung bahnt sich an.

Auch die massierende Person sollte entspannt sein und es sich bequem machen. Sie oder er sollte sich vollständig auf diese Tätigkeit konzentrieren und alle andern Gedanken aus dem Kopf verbannen.

Diagnose und Massage dürfen niemals automatisch erfolgen. Wie bei allen Behandlungsformen mit so direktem Körperkontakt wie bei Aromatherapie und Shiatsu muß totale Einfühlung zwischen dem Behandelnden und dem Empfänger der Behandlung herrschen. Nur dann kann die Energie frei zwischen den beiden fließen, so daß die positiven Wirkungen deutlicher sind und länger anhalten.

Bevor man mit der Arbeit an einem empfindlichen Reflexpunkt beginnt, ist es sehr hilfreich, wenn die behandelte Person ruhig und entspannt atmet. Zeigen Sie, wie man tief einatmet, die Lungen ganz anfüllt und dann langsam ausatmet. Und atmen Sie mit, bis ein gleichmäßiger, angenehmer Rhythmus entstanden ist. Während der Behandelte entspannt weiteratmet, beginnen Sie, die Fußmuskeln durch eine vorbereitende Massage zu lockern:

1. Einen Wattebausch mit einem antiseptischen Tonisierungswasser tränken und die Füße damit abwischen.

2. Den Fuß mit festem Griff fassen und zweimal im Kreis um den Knöchel bewegen, erst mit dem, dann gegen den Uhrzeigersinn.

3. Den großen Zeh zweimal im Kreis in beide Richtungen bewegen.

4. Die Daumen kreuzen und damit im Zickzack einmal über die ganze Fußsohle gehen, von den Zehen zur Ferse. Dann mit festem Druck nach oben zurückgehen, indem man die Daumen nebeneinander führt.

5. Die Daumen auf die Fußsohle legen, die Finger auf den Fußrücken, dann den Fuß sanft nach links und nach rechts verdrehen, um die Fußwurzelknochen zu spreizen.

6. Mit der ganzen Hand den Knöchel massieren.

7. Mit der Handfläche fest die Innenseite der Fußsohle entlangstreichen.

8. 2–7 am andern Fuß wiederholen.

9. Mit den Daumen sanfte Kreisbewegungen an den Solarplexusreflexzonen vollführen, dabei wenig Druck ausüben.
10. Punkt 2. wiederholen.

Jetzt sollte die andere Person gut entspannt und bereit für die Reflexzonenmassage sein.

Daumentechniken

Es ist von äußerster Wichtigkeit, daß die Daumennägel besonders an der Außenseite sehr kurz sind. Denn die eine Drucktechnik wird mit der Daumenaußenseite durchgeführt, und die andere mit dem Daumenballen – also mit der Fläche, die dem Nagel gegenüber auf der anderen Seite des Daumens liegt. Folglich sollten die Nägel etwa zwei Millimeter niedriger sein als die Daumenkuppe. Die besten Ergebnisse erhält man, indem man beide Drucktechniken kombiniert – wenn man mit der einen eine bestimmte Reflexzone nicht gut erreicht, probiert man es mit der anderen. In jedem Fall aber ist die Stärke des Drucks sehr wichtig – drückt man zu wenig, kommt vielleicht gar keine Reaktion, drückt man zu stark, ruft man an empfindlichen Reflexpunkten plötzlichen Schmerz hervor.

Den Fuß selbst hält man fest, ohne allzu starken Druck und möglichst aufrecht in der einen Hand, während man mit dem Daumen der anderen Hand nach Reflexen sucht. Dabei ruhen die Finger der massierenden Hand auf dem Fußrücken, ohne Druck auszuüben.

Daumenballentechnik: Bei dieser Methode wird einfach nur Druck auf einen bestimmten Punkt ausgeübt – ohne jede andere Bewegung. Man legt den Daumen flach auf die Reflexzone, dann drückt man, bis der Daumen senkrecht zur Fußsohle steht. Darauf gibt man nach und wiederholt diese raupenähnliche Bewegung einen halben Zentimeter weiter.

Daumenseitentechnik: Dabei legt man die Daumenaußenseite auf die Reflexzone und führt damit, während man drückt, kleine Kreisbewegungen aus, *ohne* sich jedoch auf der Haut zu bewegen. Man bewegt die Daumenseite auf der Stelle, dann rückt man ein Stückchen weiter und wiederholt die Bewegung. Manchmal allerdings ist es leichter, die Kristalle zu entdecken, wenn man den Daumen mit Druck über einen größeren Bereich gleiten läßt. Zum Beispiel kann man über den Harnleiterbereich mit Druck von der Blase zur Niere gleiten.

Am besten behandelt man die Körpersysteme einzeln nacheinander, indem man erst ein System vollständig an beiden Füßen behandelt, bevor man zum nächsten übergeht. Das fördert die Zusammenarbeit der zusammengehörigen Organe. Man sollte *auf keinen Fall* die Arbeit mitten im Verdauungssystem unterbrechen, z.B. bei der Magenreflexzone, danach die Nierenreflexpunkte behandeln (die ja direkt daneben liegen), und dann erst ein paar Minuten später weiter unten am Fuß wieder auf die Verdauungsorgane zurückkommen. Wenn man diese Regel beachtet, trägt man zu Gleichgewicht und Entspannung im ganzen Körper bei. Allerdings hat jede Regel auch ihre Ausnahmen – zum Beispiel ist es leichter, den Reflexpunkt für die Nebennieren zu finden, wenn man gerade mit den Nieren, also einem Aussscheidungsorgan, beschäftigt ist.

Die behandelte Person sollte bequem sitzen oder liegen. Auch Sie selbst müssen sich eine bequeme Position zur Massage suchen, in der Sie beide Füße leicht erreichen können. Legen Sie sich den Fuß, den Sie gerade nicht behandeln, auf einem Kissen auf die Knie.

Natürlich ist, von Ihnen aus gesehen, der rechte Fuß der behandelten Person auf der **linken** Seite und der linke auf der **rechten** (siehe *Abb. 9*).

Führen Sie die oben beschriebene Fußentspannungstechnik durch und vergewissern Sie sich, daß der Atem entspannt und gleichmäßig fließt. Dann gehen Sie nach den nun folgenden Anweisungen vor, indem Sie sich zu diagnostischen Zwecken notieren, welche Reflexpunkte schmerzempfindlich reagieren. Auch wenn der Patient Ihnen schon gesagt hat, wo seine Probleme liegen, sollten Sie eine vollständige Diagnose durchführen, um auch die anderen Organe zu überprüfen. Bevor Sie zum nächsten Körpersystem übergehen, müssen Sie jedes System stets an beiden Füßen durchgeprüft haben. Eine Ausnahme bildet nur das Verdauungssystem, wo besondere Anweisungen gelten, die ich im folgenden erläutere.

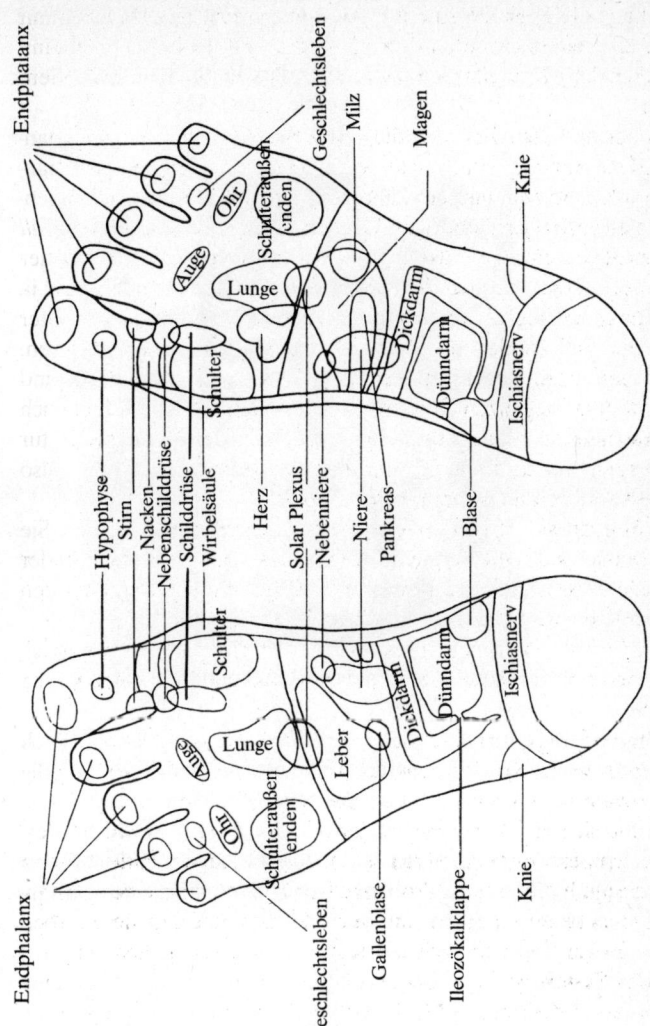

Abb. 9: Reflexologie-Karte

63

Reihenfolge des Vorgehens

1. Nervensystem:

Solarplexus — direkt unter dem Fußballen, in der Mitte
der Fußsohle (siehe *Abb. 10*)

Ischiasnerv — (siehe *Abb. 9*)

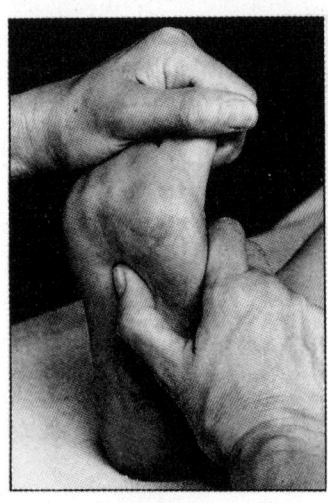

Abb. 10: Solarplexus-Reflexpunkt

2. Endokrines System:

Hypophyse — unterer Teil vom Ballen des großen Zehs,
in der Mitte

Schilddrüse/Neben- diese Drüsen liegen sehr dicht beieinan-
schilddrüse der, deshalb werden ihre Reflexpunkte
normalerweise als ein Bereich behandelt

Drüsen der — knapp unterhalb des Ballens des
Sexualhormone vierten Zehs

Nebenniere — am inneren Oberende des Nierenbe-
reichs – am besten mitbehandeln, wenn
man an der Nierenreflexzone arbeitet
(siehe *Abb. 14*)

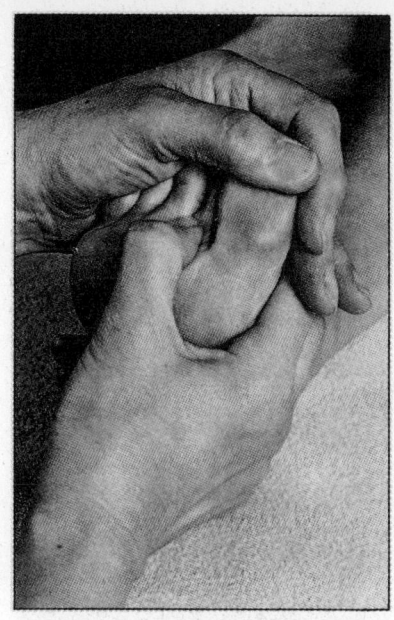

Abb. 11: Augenreflexpunkt

3. Neben- und Stirnhöhlen, Auge und Ohr:

Neben- und   – Mitte des Ballens bei allen Zehen
Stirnhöhlen

Auge   – zwischen dem zweiten und dritten Zeh
über dem Fußballen, knapp unterm Zehenhals (siehe *Abb. 11*)

Ohr   – wie beim Auge, aber zwischen dem vierten und dem fünften Zeh

4. Knochen- und Muskelsystem:

Wirbelsäule   – Innenseite des Fußes vom großen Zeh
(Halswirbel) bis zur Ferse (Steißbein).
Die geschwungene Linie des Fußes entspricht der Wirbelsäule (siehe *Abb. 12*)

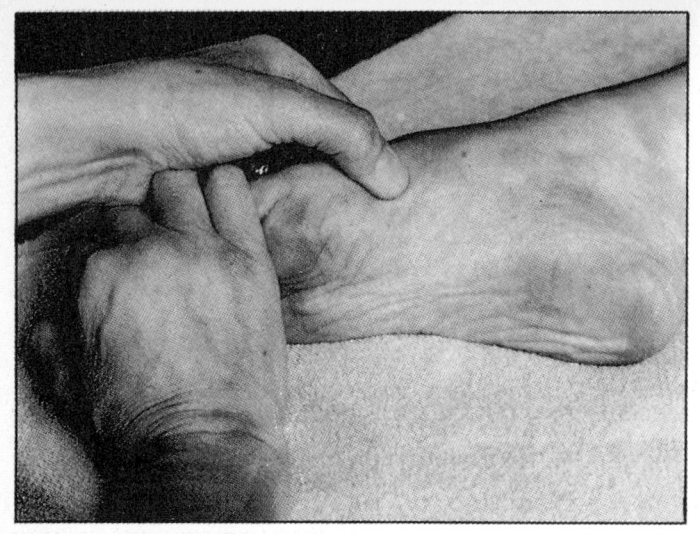

Abb. 12: Teil des Wirbelsäulenreflexbereichs

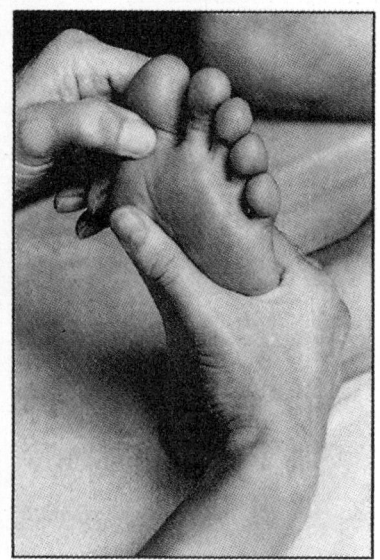

Abb. 13: Halsreflexzone

Hals	– rund um den Hals des großen Zehs (siehe *Abb. 13*)
Schulter	– Der Reflexbereich für den Hauptteil des Schulterblatts liegt an der fleischigen Stelle unterhalb des großen Zehs. Das äußere Ende der Schulter befindet sich knapp unterm Hals des kleinen Zehs.
Hüfte und Knie	– (siehe *Abb. 9*) diese Reflexzone liegt etwa auf der gleichen Höhe mit der Blasenreflexzone, nur auf der andern Seite des Fußes.

5. Atmungssystem:

Lungen	– große Fläche in der Mitte des Fußballens (siehe *Abb. 9*)

6. Ausscheidungssystem:

Niere	– unter dem Reflexbereich für den Solar-

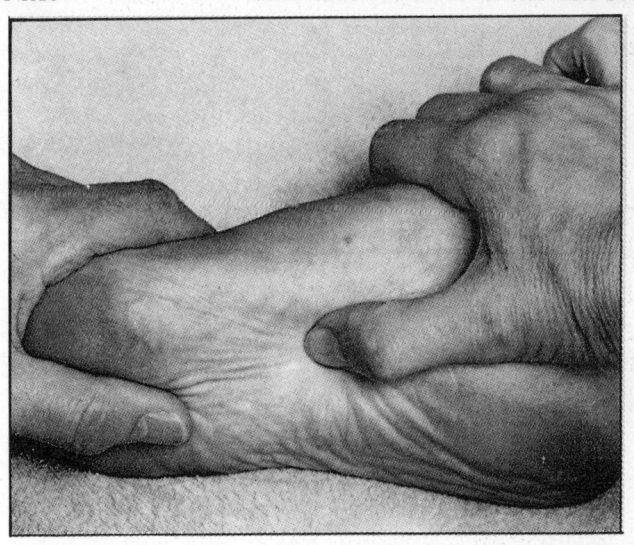

Abb. 14: Nierenreflexzone

plexus, nur etwas weiter zur Fußinnensei-
te. Die Nierenzone ist leichter zu finden,
indem man zuerst den Blasenbereich auf-
sucht. Von dort am Harnleiterbereich
entlang nach oben, bis der Nierenreflex
spürbar wird (siehe *Abb. 14*)

Harnleiter — schmaler Streifen zwischen Niere und
Blase

Blase — an der Innenseites des Fußes nahe der
Ferse. Sehr oft an einer leichten Er-
höhung erkennbar.

7. Verdauungssystem:

— die Magenreflexzone befindet sich überwiegend auf dem linken Fuß, aber der
Mageneingang und ein Teil des Pankreas
haben ihre Reflexe am rechten Fuß. Bei
Bedarf kann man diesen kleinen Bereich
nach Leber und Gallenblase drücken.

Leber — große Fläche an der Außenseite des rechten Fußes (der sich von Ihnen aus gesehen links befindet).

Gallenblase — am rechten unteren Rand der Leber-
reflexzone. Fahren Sie jetzt mit der Diagnose am linken (dem von Ihnen aus
gesehen rechten) Fuß fort.

Pankreas — der untere Rand des Magenreflexbe-
reichs

Magen — Schwer zu finden, da sich so viele Organe
in dieser Gegend überlappen. Problem-
los zu behandeln, die Schwierigkeit ist,
zu beurteilen, welcher Reflexpunkt reagiert (siehe *Abb. 9*). Versuchen Sie, den
Druck rechts oben im Magenreflexbe-
reich auszuüben.

Dünndarm — unter der „Taille" des Fußes von der
Mitte bis zum inneren Rand; behandeln

	Sie erst den linken Fuß (von ihnen aus gesehen rechts), wechseln Sie dann wieder zum rechten über.
Ileozökalklappe	– wenn Sie diese Reflexzone überprüft haben, bleiben Sie am rechten Fuß und gehen weiter zum Dickdarm.
Dickdarm	– wandern Sie langsam über diese Zone, erst nach oben, dann zur „Taille" des Fußes. Achtung: Wenn Sie über die Nierenreflexzone gehen, kann sich eine Reaktion auf diesen Bereich bemerkbar machen. Setzen Sie die Arbeit am anderen Fuß fort.

8. Fortpflanzungssystem

Eierstöcke	– zwischen dem Knöchel und dem Rand der Ferse auf der Außenseite des Fußes
Eileiter	– etwa 1 cm höher am Fuß als die Reflexzone für die Lymphdrüsen der Leistengegend, auf der Linie, die die Knöchel verbindet (auf der Abb. nicht eingetragen)
Uterus	– zwischen Knöchel und Rand der Ferse auf der Innenseite des Fußes. Üben Sie auch seitlich daneben etwas Druck aus.

9. Zirkulationssystem:

	– dieses System wird in jedem Fall durch die Reflexzonenmassage unterstützt. Dennoch kann man zum Ende einer Behandlung sanft den Herzbereich massieren, um Blockaden in Arterien, Venen und Herzklappen vorzubeugen und um den Kreislauf anzuregen.
Herz	– am linken (von Ihnen aus gesehen rechten) Fuß links oberhalb der Solarplexusreflexzone.
Milz	– am rechten oberen Rand des Magenreflexbereichs.

| Lymphsystem | – gehen Sie nach *Abb. 15* vor und behandeln Sie alle lymphatischen Punkte an beiden Füßen.* |

Wenn Sie die Diagnose abgeschlossen haben, kehren Sie zu den Reflexzonen zurück, die auf organische Schwierigkeiten schließen ließen, und behandeln sie wie folgt:

Behandlung gestörter Reflexzonen

Gewöhnlich hilft es am meisten, wenn man alle Reflexpunkte des Systems massiert, zu dem das gestörte Organ gehört. Natürlich sollte man dabei den tatsächlichen Problembereich bevorzugt behandeln. Auch andere verwandte Bereiche können gleichzeitig behandelt werden, z.B. das endokrine System, wenn man meint, daß hier die Ursache für die anderen Schwierigkeiten liegt.

Bei der Behandlung muß der Druck anders eingesetzt werden als bei der Diagnose, obwohl die Grundprinzipien dieselben sind. Bei der Diagnose wird der Druck nur zur Ermittlung eventueller Blockaden angewandt. Die Behandlung soll die Blockaden überwinden und schließlich beseitigen, deshalb wird dabei längere Zeit an derselben Stelle Druck ausgeübt.

Wenn man bei der Behandlung eines Reflexpunktes eine sehr starke Reaktion erhält, muß man mit dem Druck soweit nachgeben, daß der Behandelte nicht vor Schmerzen schreit. Andererseits sollte man nicht so sehr nachgeben, daß überhaupt kein Schmerz mehr fühlbar ist. Ein gewisses unangenehmes Gefühl soll man bei einer Fußreflexzonenmassage schon haben, sonst kann keine richtige Behandlung ausgeführt werden. Der Druck löst nach und nach die Blockade im Energiekanal auf, und nach einer halben oder ganzen Minute läßt der Schmerz langsam nach. Dann muß der Druck wieder leicht erhöht werden, bis er wieder unangenehm wird. Und

---

* Milz und Lymphsystem rechne ich zum Zirkulationssystem, weil sie eng mit dem Blut in Beziehung stehen.

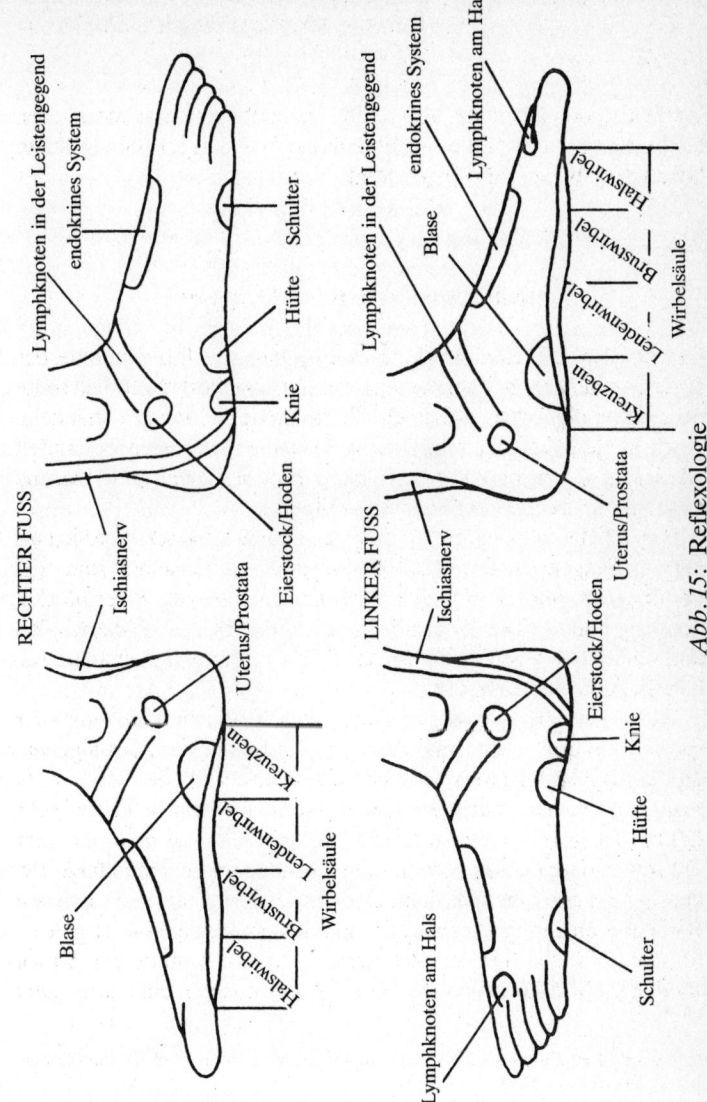

Abb. 15: **Reflexologie**

RECHTER FUSS

Lymphknoten in der Leistengegend
endokrines System
Schulter
Hüfte
Knie
Eierstock/Hoden
Ischiasnerv
Uterus/Prostata
Kreuzbein
Lendenwirbel
Brustwirbel
Halswirbel
Wirbelsäule
Blase

LINKER FUSS

Lymphknoten in der Leistengegend
endokrines System
Lymphknoten am Hals
Blase
Halswirbel
Brustwirbel
Lendenwirbel
Wirbelsäule
Kreuzbein
Uterus/Prostata
Ischiasnerv
Eierstock/Hoden
Knie
Hüfte
Schulter
Lymphknoten am Hals

71

nach einer weiteren Minute muß man den Druck vielleicht noch weiter erhöhen. Behandeln Sie einen Reflexpunkt aber nie länger als drei oder vier Minuten.

Ob Sie zu wenig oder zu stark behandelt haben, können Sie am nächsten Tag an den Reaktionen der behandelten Person ablesen. Wenn man zu stark drückt oder zu lange behandelt, fühlt sich die behandelte Person oft am nächsten Tag schlechter, dafür aber am zweiten Tag gewöhnlich wesentlich besser. Zu geringer Druck oder zu kurze Behandlung hat überhaupt keine Veränderung zur Folge. Bei richtigem Druck sollte eine womöglich geringe, aber dennoch deutliche Verbesserung zu spüren sein.

Die besten Ergebnisse erzielt nach Beendigung der Behandlung eine Massage mit den für die Störung geeigneten ätherischen Ölen (aufgelöst in 50 ml Trägeröl – näheres im Kapitel Rezepte). Die Füße erhalten so eine abschließende Entspannungsmassage. Zunächst wendet man an Füßen und Unterschenkeln Effleurage an (vgl. das Kapitel über Massagetechniken), dann die Schritte 2, 6 und 7 aus der oben beschriebenen vorbereitenden Massage, und schließt mit einer weiteren Effleurage ab.

Den Rest des Massageöls gibt man der behandelten Person, damit sie in den Tagen bis zur nächsten Behandlung jeden Abend Füße, Knöchel und Unterschenkel einreiben kann. Die regelmäßige Anwendung eines solchen Massageöls (mit der richtigen Auswahl ätherischer Öle), wird sich wohltuend auf Störungen aller Art auswirken und gleichzeitig neuen Störungen vorbeugen – besonders wenn man dabei auch die Schritte 4 und 7 aus der vorbereitenden Fußmassage anwendet.

Einmal im Monat alle Reflexzonen und danach auch die Unterschenkel in der unten beschriebenen Weise massieren lassen, dabei die richtigen, entspannenden (oder für eine bestimmte gesundheitliche Störung geeigneten) ätherischen Öle verwenden – das ergibt zusammen eine hervorragende Methode, um die Gesundheit zu erhalten.

Massage der Unterschenkel:
1. Eine kleine Menge Öl über einen Unterschenkel verteilen (das andere Bein wird dabei in ein Handtuch gewickelt, damit es warm bleibt).

2. Effleurage aufwärts an der Vorderseite des Beines. Dabei verwendet man beide Hände, die Finger zeigen aufeinander, und man kehrt an den Seiten der Schenkel sanft zurück. Dreimal wiederholen.
3. Effleurage aufwärts an der Rückseite des Beines, an den Seiten wieder abwärts. Dreimal wiederholen.
4. Eine feste Effleurage aufwärts an der Rückseite des Beines, wobei der Wadenmuskel mit der einen Hand zur Seite geschoben wird. Dann zum Knöchel zurückkehren. Viermal wiederholen.
5. Wiederholen, aber diesmal mit der anderen Hand den Muskel zur anderen Seite schieben.
6. Wiederholen, diesmal aber die Hände abwechselnd verwenden und mit jedem Griff weiter das Bein hinunterwandern, bis man bei der Achillessehne ankommt.
7. Schritt 4, 6 und 7 aus der vorbereitenden Fußmassage.
8. Schritt 2 wiederholen.

6.

Einfache Behandlungstechniken der Aromatherapie

Bevor ich näher auf die verschiedenen Behandlungstechniken eingehe, die man in der Aromatherapie verwendet, möchte ich einen wichtigen Punkt ansprechen. Wir alle wissen, daß eine einzelne Behandlungsmethode nicht immer bei jedem Menschen bei jeder Krankheit Erfolge zeitigt, wenn man sie isoliert anwendet.

Unter bestimmten Umständen kann eine Behandlungsmethode bei *manchen* Menschen und *manchen* Problemen Erfolg haben. Doch oft liegen die Dinge nicht so einfach. Manche Menschen profitieren mehr von der Aromatherapie, wenn man sie mit Reflexologie kombiniert. Andere verbinden die Massagen mit eigener häuslicher Anwendung ätherischer Öle im Bad oder im Tee. Bei manchen stellt sich die volle Wirkung schon ein, wenn sie ätherische Öle nur als Badezusatz verwenden – bei andern nicht.

Also müssen wir uns dieser wichtigen und interessanten Therapieform mit Bedacht nähern und sie je nach Bedarf mit anderen Behandlungsmethoden verbinden, die in diesem Buch erwähnt werden.

Die einfachsten Anwendungen ätherischer Öle gegen gesundheitliche Störungen sind:

1. die innere Anwendung – das Einnehmen,
2. das Inhalieren,
3. die Verwendung als Badezusatz,
4. die Verwendung in Umschlägen.

Die innere Anwendung. Die tägliche Einnahme ätherischer Öle ist Garant für ausgewogene Verdauungsfunktionen und wirkt inneren Infektionen entgegen. Ätherische Öle spielen eine wichtige Rolle bei der Verhinderung vieler Krankheiten, darunter Krebs. Alle Ärzte, die mit Aromatherapie arbeiten, verschreiben ätherische Öle zur inneren Anwendung, einzunehmen entweder mit Wein (Rotwein ist am besten geeignet) oder mit Honig und Wasser. Die Mutter eines Freundes von mir, die in Aix-en-Provence in Frankreich lebt, ist *ausschließlich* bei einem Aromatherapiearzt in Behandlung und würde nie wieder zu Drogen und Tabletten zurückkehren. Sie sagt allerdings, daß es doch wie Medizin schmeckt, weil ätherische Öle so konzentriert sind.

Dabei sind jedoch zwei Dinge ungeheuer wichtig. Erstens muß man wissen, welche ätherischen Öle sich zur inneren Anwendung eignen. Zum zweiten muß man sich sicher sein, daß die Hersteller zuverlässig sind. Leider verkaufen heute mit wachsender Bekanntheit der Aromatherapie immer mehr Leute „Aromatherapie"- Öle. Zur inneren Anwendung aber sind NUR absolut reine, destillierte Essenzen geeignet.

Die folgenden Öle sollten niemals innerlich angewendet werden: die absoluten Öle wie Jasmin und Rose; und die Harze und Gummiharze wie Myrrhe, Benzoeharz und Weihrauch. Die meisten reinen, durch Destillation gewonnenen ätherischen Öle sind verläßlicher Herkunft und können als Medizin eingenommen werden, wenn die empfohlene Dosierung beachtet wird. Überschreiten Sie niemals eine Dosis von zwei oder drei Tropfen täglich und behandeln Sie nur Krankheiten, die normalerweise in höchstens drei Wochen geheilt werden können. Wenn sich ein chronisches Leiden nach drei Wochen bessert, nehmen Sie 7 bis 10 Tage keine Öle zu sich, um Ihrem Körper eine Ruhepause zu gönnen, bevor Sie mit der Behandlung fortfahren. Mit Essenzen aromatisierte Tees kann man täglich trinken, denn die hierbei aufgenommene Menge an ätherischen Ölen ist sehr gering.

Wenn Sie eine kleine Dosis nehmen, ist das Auflösen im Weinglas oder in Wasser mit Honig zu empfehlen. Bei der letzteren Methode löst man einen Teelöffel Honig in ein oder zwei Teelöffeln kochenden Wassers auf. Dann fügt man dem Wein oder dem Honigwasser 1 bis 3 Tropfen von der gewünschten Essenz (oder den gewünschten Essenzen) hinzu und schluckt das Ganze hinunter. Wenn Sie sehr mutig sind, träufeln Sie das ätherische Öl einfach auf ein Stück Zucker und essen das! Je nach Ihren gesundheitlichen Problemen sollten Sie zwei- oder dreimal täglich Essenzen einnehmen.

Man kann ätherische Öle auch einnehmen, indem man damit

einen Tee zubereitet. Dafür braucht man nur Teebeutel und ätherische Öle. Auch diese Zubereitung sollte man mehrmals täglich zu sich nehmen. Experimentieren Sie mit verschiedenen „Geschmacksrichtungen", stellen Sie sich verschiedene Kombinationen aus den Ölen, die Sie brauchen, zusammen.

Verwenden Sie eine kleine Teekanne mit nur einem Teebeutel. Nach zwei Minuten rühren Sie um und nehmen den Teebeutel heraus. Fügen Sie 2 Tropfen ätherischen Öls hinzu und gießen Sie den Tee in die Tasse. Mir persönlich schmecken diese Tees am besten ohne Milch oder Zucker, aber nehmen Sie ruhig Zucker, wenn Sie wollen. Wenn Sie unbedingt Milch nehmen wollen, müssen Sie zwei Teebeutel zur Zubereitung des Tees verwenden.

Es kann jedes ätherische Öl benutzt werden, wenn man sich an die Liste der therapeutischen Eigenschaften auf Seite 117 hält. Wenn Sie eine bestimmte Mischung finden, die Ihnen gefällt, können Sie auch zwei oder drei Öle in einem kleinen Fläschchen vermischen und dann so dem Tee oder Wein hinzufügen.

Earl Grey Tee ist übrigens nichts anderes als ganz normaler schwarzer Tee mit Bergamottöl. Wenn ich keinen Earl Grey Tee habe, gebe ich oft einfach zwei Tropfen Bergamottöl in die Teekanne!

Hier eine kleine Auswahl der Beschwerden, die durch die innere Anwendung ätherischer Öle behandelt werden können:

Husten und Schnupfen	Kopf- und Menstruationsschmerzen
Blähungen	Blasenkatarrh
schlechte Verdauung	Depressionen
Verstopfung	Nieren- und Blasensteine
Durchfall	

Das Inhalieren. Für Menschen empfohlen, die keine Medizin einnehmen können oder Tee mit ätherischem Öl nicht mögen.

Es ist am einfachsten, Essenzen zu inhalieren, wenn man einfach etwa zehn Tropfen auf ein Papier- oder Stofftaschentuch tropft und dann längere Zeit den Duft inhaliert. Bei verstopfter Nase ein idealer Weg, die Atemwege nachts frei zu halten: Legen Sie einfach so ein Tuch neben Ihre Nase aufs Kopfkissen.

Oder man kann die ätherischen Öle in heißes Wasser geben und den Dampf einatmen. Dabei kommen 10 Tropfen ätherischen Öls in 100 ml heißen Wassers. Legen Sie ein Handtuch über den Kopf und die Schüssel, damit der Dampf konzentriert bleibt. Atmen Sie tief ein (möglichst durch die Nase), bis der Duft fast vergangen ist. Wiederholen Sie diese Behandlung 3 mal täglich.

Madame Maury hat ihre Klienten zwischen den Aromatherapie-Massagesitzungen inhalieren lassen. Das stellte sich bei vielen Beschwerden als hilfreich heraus.

Das Inhalieren ist überwiegend zu empfehlen bei:

Verspannungen/Streß	Kopfschmerzen

Störungen der Atemwege wie:

Erkältungen	Halsschmerzen
Beschwerden in Stirn- und	Husten etc.
Nebenhöhlen	

Fuß- und Handbäder. Diese Behandlungsform läßt sich sehr leicht durchführen, wenn man sich abends zum Ausruhen hinsetzt. Es ist eine Schüssel mit handwarmem Wasser erforderlich und acht bis zehn Tropfen ätherisches Öl. Stellen Sie einen Kessel mit kochendheißem Wasser neben die Schüssel und gießen Sie nach, wenn es Ihnen zu kühl wird. Tauchen Sie die Hände oder Füße 10 bis 15 Minuten hinein und bewegen Sie sie gelegentlich. Danach wickeln Sie die nassen Füße oder Hände in ein trockenes Handtuch und bleiben weitere 15 Minuten wo Sie sind. Schließen Sie die Behandlung ab, indem Sie in Füße und Unterschenkel ein wenig Massageöl mit Essenzen einreiben (siehe Seite 64).

Beschwerden, bei denen die Behandlung durch Bäder am besten wirkt:

Rheumatismus	Dermatitis
Arthritis	trockene Haut, etc.

Bäder. Das Bad sollte handwarm sein, wenn man die ätherischen Öle hinzufügt. Man nimmt 10 Tropfen auf eine halb gefüllte oder 15 Tropfen auf eine dreiviertel gefüllte Wanne und bleibt mindestens eine Viertelstunde im Wasser. Wenn das Wasser nicht den ganzen Körper bedeckt, sollte man sich zwischendurch möglichst einmal umdrehen. Vollbäder mit ätherischen Ölen sind ein Genuß und sehr wohltuend.

Beschwerden, die durch Bäder positiv beeinflußt werden:

Schlaflosigkeit   Menstruationsbeschwerden
Nervöse Anspannung   Husten und Schnupfen
Muskelstörungen   Kopfschmerzen
Kreislaufprobleme   Flüssigkeitsstau etc.

Kompressen. Sehr nützlich zur Behandlung von Hautproblemen, Prellungen, Muskelschmerzen, Schmerzen in der Brust. Man kann damit einen ganzen Problembereich auf einmal behandeln – z.B. Schmerzen bei der Periode.

Normalerweise nimmt man für Kompressen wie beim Inhalieren 10 Tropfen auf 100 ml. Ich habe aber auch schon mit 2 oder 3 Tropfen unverdünnt auf Mull hervorragende Ergebnisse bei starken Blutergüssen erzielt.

Ideal für Kompressen sind alte Bettlaken in vier Lagen, die man so schneidet, daß sie den zu behandelnden Bereich ganz bedecken. Verwenden Sie keinen Mull, der bereits mit Medikamenten getränkt ist. Für kleine Stellen können Sie unbehandelte Watte benutzen. Beachten Sie dabei aber, daß Watte mehr Flüssigkeit absorbiert als Stofftücher, und berücksichtigen Sie diese Tatsache beim Mischen der ätherischen Öle. Wenn man eine große Fläche behandelt, braucht man zum Beispiel 10 Tropfen auf 200ml Wasser, für eine kleine Fläche vielleicht nur 50 ml Wasser, trotzdem aber 10 Tropfen ätherisches Öl. Was therapeutisch zählt, ist nur die Konzentration des Öls, die tatsächlich die Haut und den Körper erreicht. Ich werde später darauf zurückkommen, wenn ich beschreibe, wie man Massageöle zubereitet.

Gießen Sie soviel Wasser in eine Schüssel, daß die Menge gerade von der Kompresse, die Sie auflegen wollen, aufgesogen wird (mit ein wenig Erfahrung können Sie leicht die nötige Menge bestimmen). Dann fügen Sie 10 Tropfen der nach dem Therapeutischen Index auf Seite 154 ausgewählten ätherischen Öle hinzu.

Legen Sie die Kompresse in die Mischung aus Wasser und Essenzen und drücken Sie sie aus, so daß sie nicht tropft, aber auch nicht zu trocken wird.

Legen Sie die Kompresse auf die Stelle, die behandelt werden soll und darüber eine dünne Plastikfolie. Unterstützen Sie die Wirkung der Kompresse, indem Sie ein vorgewärmtes Handtuch und eine warme Decke darüber legen. Es ist ideal, wenn die Kompresse dann mindestens zwei Stunden lang einwirken kann. Wenn Sie den Rükken behandeln wollen, machen Sie es umgekehrt: Legen Sie ein warmes Handtuch aufs Bett, dann die Plastikfolie, dann die Kompresse. Dann legen Sie sich selber darauf und bedecken sich mit einer warmen Decke.

Wenn Sie nur eine sehr kleine Stelle behandeln, sind Kompressen mit unverdünnten Essenzen sehr wohltuend, zum Beispiel bei Verstauchungen, Blutergüssen, Wunden, Neuralgien, Abszessen usw. Dabei tropft man das ätherische Öl auf die gewünschte Stelle, deckt dann feuchte Watte oder feuchten Mull darüber und klebt diese mit feinporigem Heftplaster fest.

Die folgenden Beschwerden lassen sich besonders gut mit Kompressen behandeln:

Hautprobleme	Schmerzen bei der Periode
Neuralgien	Verstauchungen
Blutergüsse	Muskelschmerzen
offene Wunden	

Unverdünnte Essenzen sind auch sehr hilfreich bei Notfällen wie Verbrennungen, Nesselausschlag, Verbrühungen oder Insektenstichen. Sie lindern den Schmerz und wirken desinfizierend. In diesen Fällen braucht man keinen Mull darüber zu decken, tragen Sie einfach das unverdünnte ätherische Öl in regelmäßigen Zeitabständen auf und lassen es wirken. Auch Herpes reagiert hervorragend auf unverdünnte Essenzen.

Massage. Diese Form der Aromatherapie ist von großem therapeutischen Nutzen und wirkt wohltuend bei fast allen erdenklichen Beschwerden. Deswegen widme ich diesem Bereich die zwei folgenden Kapitel.

7.

Was ist Massage?

Das Gebiet der Massage hat sich in den letzten zehn bis zwanzig Jahren beträchtlich erweitert. Neue Massagearten wie Shiatsu und die Reflexologie sind hinzugekommen, die allerdings mehr auf einer *Drucktechnik* basieren als auf *Massage im klassischen Sinne*.

Bei der Körpermassage wird natürlich auch Druck angewandt, aber auf viele unterschiedliche Weisen. Es gibt in der westlichen Massage einen Griff, der dem Shiatsu und der Reflexologie relativ nahekommt: die erste Hälfte des „Daumenrollens". Dabei wird auf bestimmte Körperteile zunächst mit dem Daumen Druck ausgeübt, bevor man in kleinen Kreisen massiert.

Der Begriff „Massage" kommt von dem griechischen Wort für *Kneten* und bezeichnet eine der ältesten Behandlungsformen für menschliche Beschwerden. Hippokrates (460–380 v.Chr.) schrieb über ausgerenkte Schultern: „Man muß die Schulter sachte und weich mit sanften Händen reiben. Der Arzt muß in vielen Dingen bewandert sein, ganz sicher aber auch im Reiben." Über die Jahrhunderte haben sich verschiedene Systeme und Techniken der Massage entwickelt und Menschen mit den unterschiedlichsten Qualifikationen haben massiert oder Massage verordnet.

Die Wirkung der Massagebehandlung hängt natürlich wesentlich vom technischen Geschick und vom Wissen der Masseuse oder des Masseurs ab. Geschickt und fachkundig ausgeführt regt Massage die Funktion aller Organe an – Haut, Muskeln, Nerven, Drüsen, etc. Durch die verbesserte Blut- und Lymphzirkulation werden Schlacken schneller beseitigt.

Die Griffe in der Körpermassage können sanfte, leichte, rhythmisch streichende Bewegungen sein – das dient der Entspannung von Muskeln und Nerven. Sie können aber auch kraftvoll trommelnd oder knetend sein, um Fettablagerungen aufzubrechen.

Bei der Aromatherapie arbeiten wir vorwiegend mit streichenden Bewegungen, auch Effleurage genannt, aber auch mit knetenden und reibenden Bewegungen (auch Kompression genannt). Bevor man jemandem zu helfen versucht, sollte man diese Grundgriffe verstehen und anwenden können.

Effleurage

(a) Streichen an der Oberfläche: Immer in der Gegenrichtung zum tiefergehenden Ausgangspunkt streichen, kann aber auch gesondert angewandt werden. Bei größeren Flächen arbeitet man mit den Handflächen und den Fingern und paßt sich dabei den Formen des Körpers an, den man massiert.

(b) Tiefergehendes Streichen: Auch diese Methode wird wie das Streichen an der Oberfläche mit der ganzen Hand ausgeführt, nur wird dabei Druck ausgeübt und immer in Richtung des Herzens massiert (das fördert die Blutzirkulation in den Venen). Dieser Griff wird nur in diese Richtung ausgeführt, auf dem Rückweg streicht man immer leicht und nur an der Oberfläche.

Bei der Effleurage sollten die Hände ständig in Kontakt mit dem Körper bleiben, der Rhythmus der Streichbewegungen sollte langsam und gleichmäßig sein.

Die Effleurage verbessert den Fluß des venösen Blutes und hilft, Staus in den Venen zu beseitigen. Dadurch kann das frische Blut freier zirkulieren und mehr Nährstoffe zu den Organen bringen, durch die es fließt. Die Ausscheidung von Schlacken wird beschleunigt und die Lymphzirkulation verbessert. Eine angenehme Begleiterscheinung der Effleurage ist ihre beruhigende und entspannende Wirkung, die sie so wohltuend für nervöse, gereizte oder übermüdete Menschen macht.

Kompression

(a) Petrissage (das Kneten). Ein Muskel, ein Teil davon oder eine Muskelgruppe werden angehoben, gedrückt und gerollt. Dann läßt man los und greift mit der anderen Hand in die Muskelschichten daneben und wiederholt den Vorgang. Man benutzt normalerweise beide Hände und greift mit den Handflächen und den Fingern oder (bei kleineren Muskeln) auch mit Daumen und Fingern zu. Wesentlich ist, daß diese Technik nur nach einer entspannenden Effleurage angewandt wird. Auch hierbei sollte man langsam, sanft und rhythmisch arbeiten und immer wieder zum Ausgangspunkt zurückkehren (z.B. mit einem Streichen an der Oberfläche), ohne dabei den Kontakt zu verlieren.

Die Petrissage fördert die Zirkulation und die Beseitigung von Abfallstoffen und wirkt so Müdigkeit entgegen. Die Haut wird in tieferliegendem Gewebe und an der Oberfläche zu höherer Aktivität angeregt. Das plötzliche Loslassen der gedehnten Muskelfasern bewirkt eine kurzfristige Kontraktion und eine Stärkung. Auch Fettablagerungen und Gewebeverhärtungen können manchmal hierdurch aufgelöst werden.

(b) Friktionsmassage (tiefergehendes, zirkulierendes Reiben). Hierzu benutzt man die Handfläche, die Daumenballen oder einen oder mehrere Finger. Die Hand „klebt" an der Haut, und die Haut bewegt sich unter Druck *mit* der Hand *über* das Gewebe. Nach mehreren Kreisen über einen Punkt nimmt man den Druck zurück, gleitet mit der Hand *(ohne den Kontakt zu verlieren)* an die nächste Stelle und wiederholt die Prozedur. Der Druck muß fest sein, aber nicht so fest, daß tieferliegendes Gewebe verletzt wird.

Friktionen tragen zur Beseitigung überschüssiger Flüssigkeit bei und stimulieren den Kreislauf. Ihre wichtigste Funktion ist, daß sie manchmal Fettablagerungen, Gewebeverhärtungen und Muskelknötchen auflösen können.

Eine weitere Form der Körpermassage ist das **Klopfen**, das, wie der Name schon sagt, aus kurzen scharfen Bewegungen besteht. Es gibt viele Formen der Klopfmassage („Trommeln", „Hacken", „Kneifen", etc.), die in der Aromatherapie jedoch alle nicht angewendet werden, da sie nicht entspannend wirken.

Sie sehen, wie wichtig es ist, daß Massagegriffe korrekt ausgeführt werden. Mit den besten Ergebnissen kann man rechnen, wenn man zu einem ausgebildeten Masseur geht. Andererseits ist es mit der Massage genau wie bei allen anderen Künsten, beim Kochen, Malen, Töpfern z.B.: manche Menschen haben auch ohne professionelle Ausbildung eine natürliche Begabung. Mit ein wenig Anleitung für die korrekte Ausführung der Technik können solche Menschen sehr gute Arbeit leisten. Für *diesen Personenkreis* habe ich die Massagegriffe so detailliert beschrieben. Solche Menschen können mit Hilfe ätherischer Öle ihren Verwandten und Freunden auf ganz und gar natürliche und harmlose Weise helfen – ohne schädliche Nebenwirkungen.

Beachten Sie: Massieren Sie nicht bei Infektionskrankheiten oder bei einem Knochenbruch in der Nähe der zu behandelnden Zone.

Bei unlängst vernarbtem Gewebe und Krampfadern massieren Sie *sanft* und vorsichtig. Hier können die richtigen Essenzen und eine Effleurage das Eindringen der Öle unterstützen. (Zu starke und falsch angewandte Massage aber kann in diesen Fällen viel Schaden anrichten.)

Während der Schwangerschaft ist bis zum vierten oder fünften Monat Massage am ganzen Körper zu empfehlen. Danach ist es für die Frau unbequem, sich auf den Bauch zu legen – massieren Sie also nur Gebiete, die Sie anders erreichen können.

Bei Blutergüssen und verletzten Hautpartien massieren Sie nicht mit starkem Druck, sondern behandeln Sie mit Kompressen oder massieren Sie sanft unverdünnte Essenzen in die betroffene Partie ein.

8.

Aromatherapie-Massagetechniken

Achten Sie immer darauf, daß Ihr Arbeitsraum warm und Ihre Nägel kurz sind. Viele Massagebehandlungen betreffen nur einen kleinen Bereich, z.B. die Schultern, und können im Wohnzimmer durchgeführt werden. Wenn Sie aber den ganzen Rücken und die Beine massieren wollen, ist eine feste Unterlage in einem warmen Zimmer unerläßlich. Benutzen Sie ein Bett mit fester Matratze oder einen mit Decken oder Schaumstoff überzogenen Tisch.

Ich werde zuerst die Rückenmassage erklären – sie dauert am längsten und ist die komplizierteste, aber es ist leichter, die Griffe an einem größeren Bereich zu üben. Wer dann mit den grundlegenden Griffen vertraut ist, kann sie leichter auch zur Behandlung kleinerer verspannter Bereiche einsetzen. Lassen Sie zunächst alle Schritte aus, die ich mit (*) gekennzeichnet habe. Wenn Sie später einiges Zutrauen zu Ihren Fähigkeiten entwickelt haben, nehmen Sie auch diese Griffe in Ihr Repertoire auf.

Wenn Shiatsu-Techniken angewandt werden oder der Unterleib mit Druck massiert wird, ist es wichtig, daß die behandelte Person dabei ausatmet. Dieses Ausatmen sollte angemessen, fast normal, nicht übertrieben stark geschehen.

Wählen Sie die ätherischen Öle aus, die Sie benötigen, und mischen Sie sie in einer 50-ml-Flasche mit den pflanzlichen Ölen, die als Trägersubstanz dienen (Traubenkernöl oder Mandelöl mit Kalendula, Avocado- oder Weizenkeimöl). Näheres dazu in Kapitel 9.

Rückenmassage

1. Etwa einen Teelöffel des Massageöls auf die Handfläche geben. Die Hände sanft gegeneinander reiben und das Öl mit großen

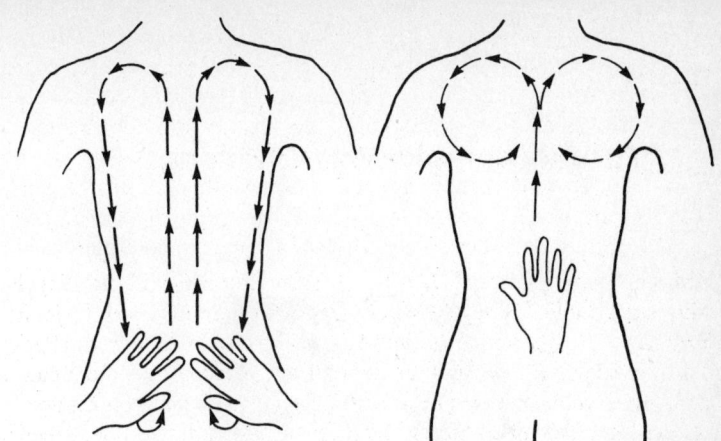

Abb. 16: Technik 2 (Rücken)   *Abb. 17:* Technik 3 (Rücken)

Bewegungen über den ganzen Rücken der behandelten Person verteilen.

2. Die Hände ans untere Ende der Wirbelsäule legen, die Finger auf die Schultern zeigend. Dann fest an beiden Seiten der Wirbelsäule entlang nach oben streichen, wobei die ganze Hand aufliegt. Um die Schulterblätter herum einen Halbkreis beschreiben und dann sehr zart den Rücken hinunter bis zum unteren Ende der Wirbelsäule streichen (siehe *Abb. 16*). Vier oder fünfmal wiederholen.

3. Eine Hand über die andere legen (verstärkte Hand), um die nächste Bewegung kraftvoller ausführen zu können. Wieder am unteren Ende der Wirbelsäule beginnen und die Hände mit festem Druck neben der Wirbelsäule bis zu den Schulterblättern schieben. Die Wirbelsäule kreuzen, das eine Schulterblatt umrunden, erneut die Wirbelsäule kreuzen und das andere Schulterblatt umrunden, so daß die Bewegung die Form einer Acht hat. Diesen Achter vier- oder fünfmal wiederholen, bevor man beim letzten Mal mit den Händen wieder zurück zum unteren Ende der Wirbelsäule geht. Bei dieser Technik muß die untere Hand ständig in vollem Kontakt mit dem Körper bleiben (siehe *Abb. 17* und *18*).

85

4.* Druckmassage entlang der Blasenmeridiane (darauf achten, daß die behandelte Person dabei ausatmet). Wenn man bei Technik 3 zum letztenmal die Wirbelsäule mit einer Bewegung kreuzt, die vom eigenen Körper wegweist, die Hände so nebeneinander legen, daß die Daumen sich in der Rille links neben der Wirbelsäule (die von der massierenden Person weiter entfernte) gegenüberliegen (siehe *Abb. 19* und *20*). Mit den Daumen festen Druck ausüben, dann loslassen. Jeweils eine Daumenbreite weiter nach

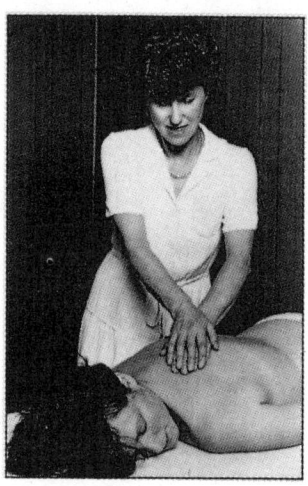

Abb. 18: Technik 3 (Rücken)

unten rücken und den Vorgang wiederholen, bis man an den Hüften angekommen ist. Sanft zum oberen Ende der Rille zurück gleiten und mit festem Druck abwechselnd den einen und den andern Daumen in Schritten von jeweils 2 cm nach unten bis zur Hüfte gleiten lassen. Hierbei ist keine besondere Atemtechnik nötig. Den gesamten Vorgang auf der anderen Seite der Wirbelsäule wiederholen.

5. Die Hände in dieselbe Stellung wie bei Technik 2 bringen und mit festem Druck und vollständigem Kontakt nach oben schieben. Die Schulterblätter umrunden, diesmal aber nicht nach

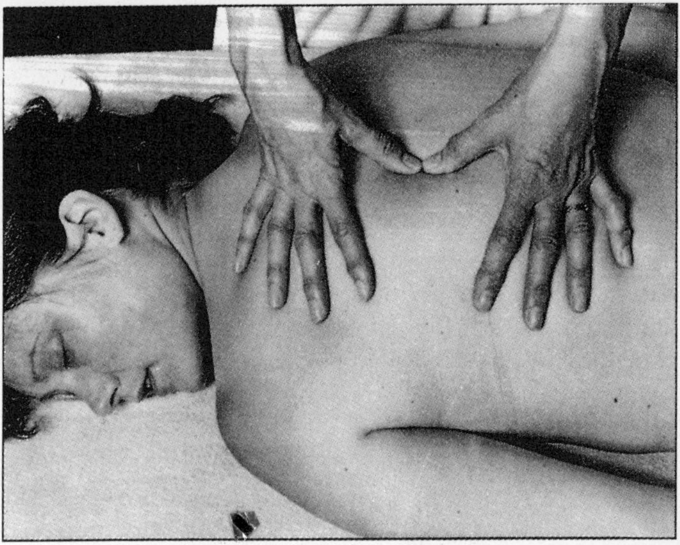

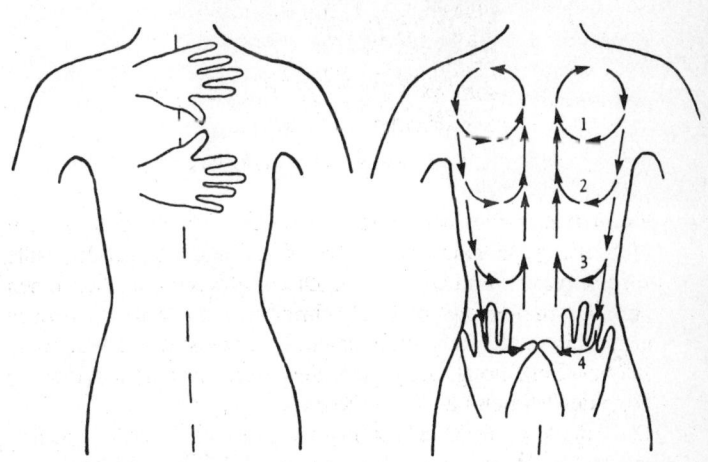

Abb. 19: Technik 4 (Rücken); so ist die Daumenposition in der Rille neben der Wirbelsäule.

Abb. 20: Technik 4 (Rücken)　　　*Abb. 21:* Technik 5 (Rücken)

unten zurückkehren, sondern mit den Kreisen langsam den Rücken hinunterwandern, wobei jeder Kreis etwas tiefer angesetzt wird. Wiederholen, bis das untere Ende der Wirbelsäule erreicht ist. Damit hat man den ganzen Rücken in einer einzigen Kreisbewegung massiert (siehe *Abb. 21*).

6. Beginnen wie bei Technik 2 und die Hände bis über die Schultern hinausschieben, bevor man sehr zart und ganz ohne Druck zurückkehrt. Zweimal wiederholen.

7. Die Hände nach oben und dann ein Stück zurückschieben, dann in Richtung der Achselhöhlen schieben. Auf demselben Weg – jedoch ohne Druck – zurückkehren. Zweimal wiederholen.

8. Die Hände auf dem Rücken nach oben und dann am Brustkorb entlang nach außen schieben. Wie vorher sanft zurückkehren. Zweimal wiederholen.

9.* Wie in Technik 4 vorgehen, so weit, bis die Daumen einander neben der Wirbelsäule gegenüberliegen. Die Daumen übereinanderlegen und schnell und mit leichtem Druck eine Hautwulst zwischen den Zeigefingern zusammendrücken und sofort wieder loslassen. Dann dasselbe etwas weiter außen näher an der Achselhöhle wiederholen. Noch zweimal weiter nach außen rücken und denselben Vorgang wiederholen. Dann eine Handbreit weiter den Rücken hinuntergehen und erneut nahe der Wirbelsäule drücken und loslassen. Viermal wiederholen, indem man langsam nach außen vorrückt. Wieder eine Handbreit nach unten gehen und das Ganze auf Höhe der Taille wiederholen (siehe *Abb. 22*).

10. Zurück ans obere Ende der Wirbelsäule gleiten, und die Fingerkuppen in gerader Linie nebeneinander in die Rille neben der Wirbelsäule legen, die weiter von Ihnen entfernt ist. Fest drücken und die Finger mit Druck bis zur Achselhöhle schieben. Eine Handbreit nach unten gehen und die Bewegung wiederholen. Noch zweimal wiederholen. Dann den ganzen Vorgang auf der andern Seite der Wirbelsäule wiederholen (siehe *Abb. 23*).

11. Viermal Technik 2 wiederholen.

12.* Effleurage auf der linken Rückenseite, von der Hüfte bis zu den Schultern. Die Hände abwechselnd gebrauchen und die

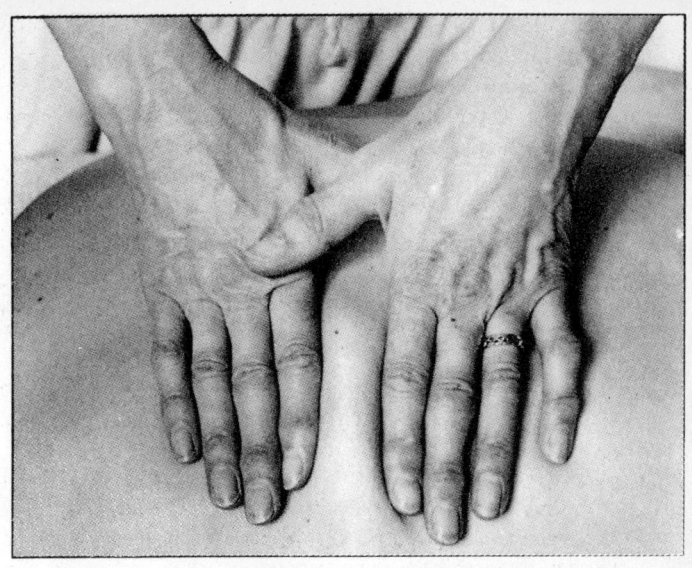

Abb. 22: Technik 9 (Rücken)

Finger neben der Wirbelsäule nach oben auf die Schulter zu schieben. Beim Schieben nach und nach die Finger spreizen, wie wenn man einen Fächer öffnet. Während die eine Hand schiebt, mit der andern daruntergreifen und dieselbe Bewegung ausführen: Am Körper nach oben, aber auch nach außen wie ein Fächer. Wenn eine Hand am Kopf angelangt ist, mit der anderen wieder an der Hüfte beginnen. Dreimal wiederholen. Dann das Ganze auf der rechten Seite wiederholen (siehe *Abb. 24*).

13. Mit den Daumen die Friktionstechnik anwenden, indem man von der Taille ausgehend auf beiden Seiten der Wirbelsäule Kreise beschreibt, die sich nach außen bis um das Hüftgelenk herum fortsetzen. Dreimal wiederholen, wobei der Bogen der Bewegung jedesmal kleiner wird (siehe *Abb. 25* und *26*).

14. Technik 2 vier- oder fünfmal wiederholen.

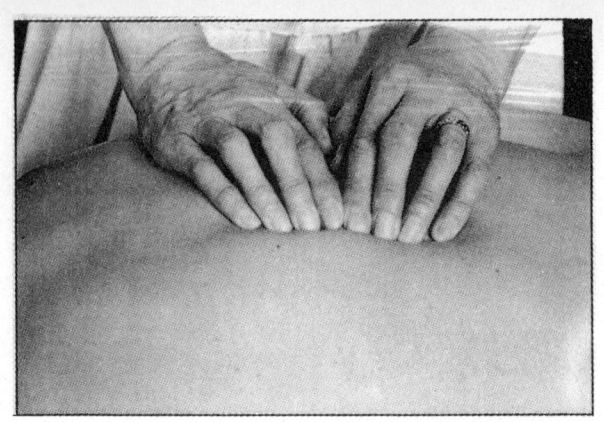

Abb. 23: Technik 10 (Rücken)

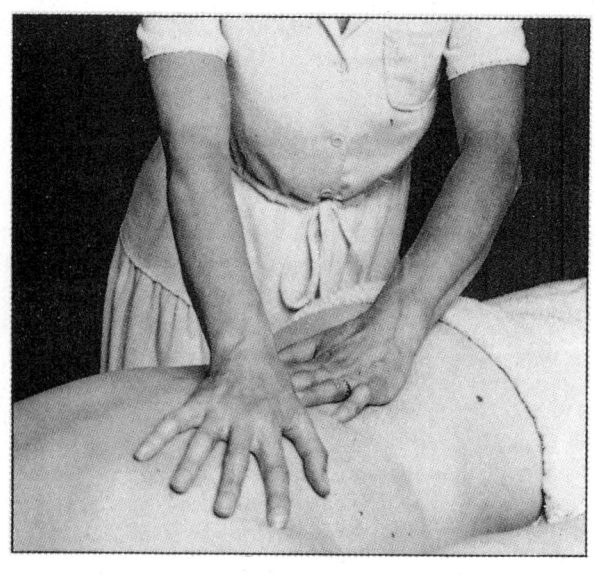

Abb. 24: Technik 12 (Rücken)

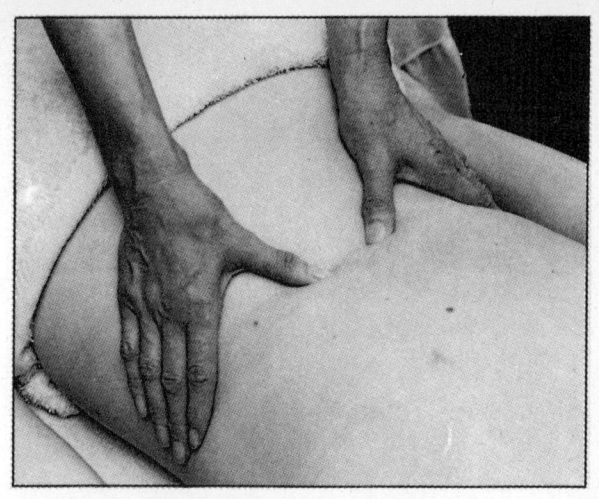

Abb. 25: Technik 13 (Rücken)

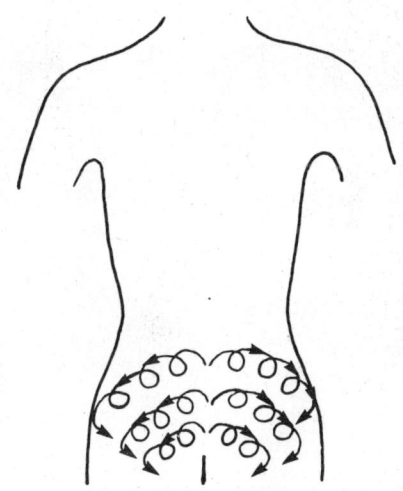

Abb. 26: Technik 13 (Rücken)

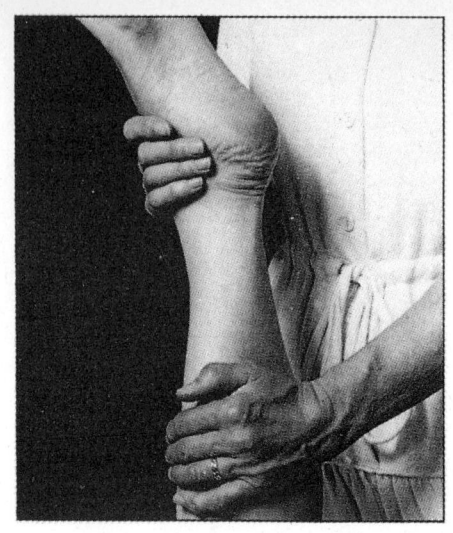

Abb. 27: Technik 3 (Beinrückseite)

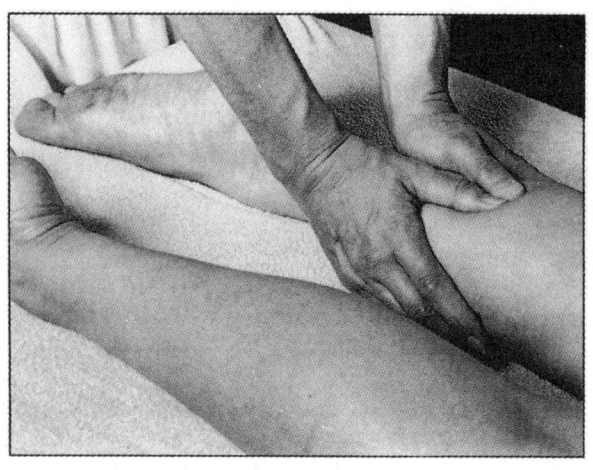

Abb. 28: Technik 4 (Beinrückseite)

Beinrückseite

1. Eine kleine Menge (etwa einen halben Teelöffel) Massageölmischung in die Handfläche geben. Leicht gegen die andere
Hand reiben und das Öl über die gesamte Beinrückseite verteilen.
2. Stellen Sie sich neben das Bett oder den Behandlungstisch, so daß
das zu behandelnde Bein außen liegt. Legen Sie Ihre Hände über
einen Knöchel – dabei liegen die Handflächen oben auf dem
Bein, die Finger zeigen zur Körperaußenseite. Die Finger sanft
um das Bein legen. Dann folgt mit festem Druck eine Effleurage
auf den Oberschenkel zu, wobei die obere Hand bis zum oberen
Ende des Oberschenkels geht und dann die andere bis in die
Kniekehle folgt. Diese Streichbewegung mit wechselnden Händen fünf- oder sechsmal wiederholen. Dabei nicht den Kontakt
zum Bein unterbrechen.
3. Fuß und Unterschenkel mit einer Hand anheben und mit der
andern kräftig an der Beinrückseite vom Knöchel bis zum Knie
streichen. Die Handfäche liegt dabei in der Mitte, die Finger
umschließen entspannt das Bein. Vier- oder fünfmal wiederholen
(siehe *Abb. 27*).
4. Stellen Sie sich ans Fußende des Bettes und lassen Sie die Daumen mit festem Druck vom Knöchel zum Knie gleiten. Mit einer
leichten Effleurage an den Beinaußenseiten zurückgehen (siehe
Abb. 28).
5. Technik 2 fünf oder sechsmal wiederholen.
6. Alle Griffe am anderen Bein wiederholen.

Beinvorderseite

1. Öl auftragen wie vorher.
2. a) Die Hände übereinander auf den Unterschenkel legen, so daß
die Finger in entgegengesetzte Richtungen zeigen (siehe *Abb. 29*).
b) Mit kräftiger Effleurage das ganze Bein hinauf massieren,
dann mit leichter Effleurage an den Seiten zurückkehren und
schließlich den Fuß zwischen die Hände nehmen (siehe *Abb. 30*).
Drei- oder viermal wiederholen und mit einer letzten „halben"
Folge nach oben bis zum Ende des Oberschenkels abschließen.
3. Stellen Sie sich seitlich, so daß die Hände auf die Knöchel zeigen.
Sanft an den Seiten der Oberschenkel bis zum Knie streichen.

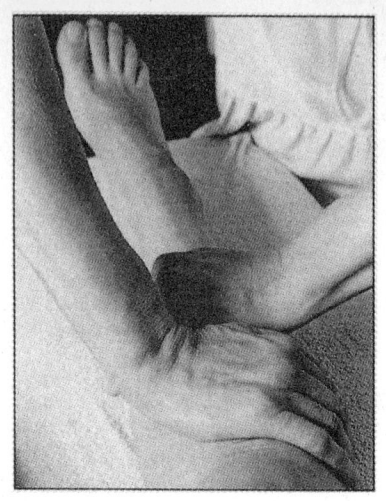

Abb. 29: Technik 2a (Beinvorderseite)

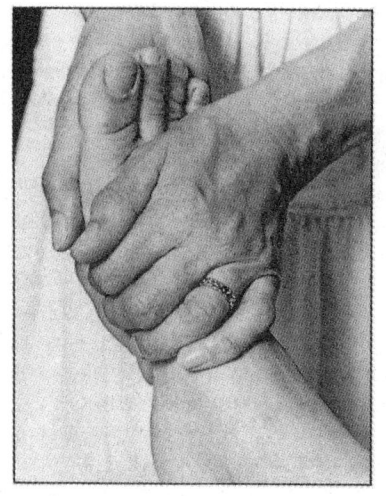

Abb. 30: Technik 2b (Beinvorderseite)

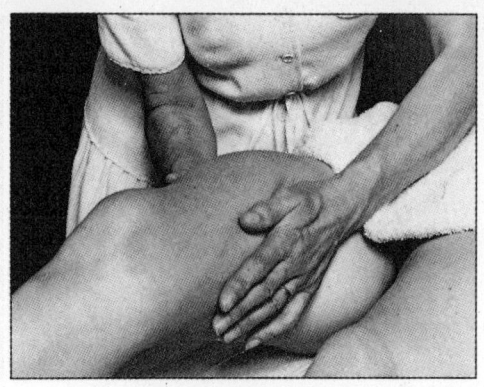

Abb. 31: Technik 3 (Beinvorderseite)

Dann mit kräftigerem Druck zurückgehen und gleichzeitig den Oberschenkel etwas anheben. Dabei mit der ganzen Hand mit kräftigem Druck bis zum oberen Ende des Oberschenkels streichen. Dreimal wiederholen (siehe *Abb. 31*).

4. Mit kräftigem Druck am Knie beginnend von der Beininnenseite diagonal aufwärts nach außen streichen, abwechselnd mit beiden Händen, bis das Ende des Oberschenkels erreicht ist. Ohne Unterbrechung zum Knie zurückkehren und drei- oder viermal wiederholen.

5. Die Hand mit zum Rumpf zeigenden Fingern aufs Knie legen und mit Daumen und Zeigefingern eine Brücke bilden. Diese Brücke über die Kniescheibe schieben und mit den ganzen Händen an den Außenseiten des Knies zurückkehren. Vier- oder fünfmal wiederholen, dabei mindestens einmal bis zum Fuß hinuntergehen.

6. Technik 2 drei- oder viermal wiederholen.

7. Alle Griffe am anderen Bein wiederholen.

In dem Kapitel über Reflexologie habe ich eine einfache Massage für den Unterschenkel dargestellt, sie kann dann von Nutzen sein, wenn nicht das ganze Bein eine Massage braucht.

Unterleib

Im Osten heißt die Massage des Unterleibs (oder „Hara") Ampuku-Therapie. Sie eignet sich hervorragend, um allgemeines Wohlbefinden, Entspannung und gute Verdauung zu erhalten.

Bei der Ampuku-Therapie wird niemals mit den Daumen gedrückt. Die Druckpunkte werden bei der Massage mit den Handflächen und Fingern gestrichen. Wenn dabei Druck angewandt wird, sollte der Patient dabei ausatmen.

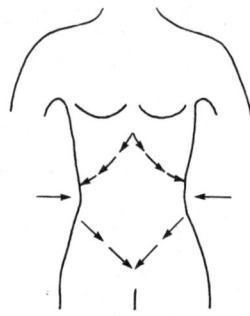

Abb. 32: Technik 2 (Unterleib)

1. Eine kleine Menge Öl auf dem Bauch bis zum Brustkorb verteilen.
2. Die Hände mit übereinandergelegten Fingern auf das untere Ende des Brustbeins legen, so daß die Finger nach oben zeigen und die Außenkanten der Hände an der untersten Rippe anliegen. Die Hände nach unten und außen auf die Taille zu ziehen, bis man mit den Fingern unter den Körper gelangt. Pause. Dann mit kräftigem Griff die Taille leicht anheben und die Hände nach unten und innen ziehen. Die Außenkante der Hände gleitet dabei an den Hüftknochen entlang zum Beckenknochen. Drei- oder viermal wiederholen (siehe *Abb. 32*).
3. Den Brustkorb erst links, dann rechts streichen, indem man abwechselnd die Handkanten verwendet.
4. Die Hände zur Verstärkung übereinander legen und etwa 7 1/2 cm entfernt vom Nabel im Uhrzeigersinn langsam einen großen Kreis beschreiben, indem man viele kleine Kreise zieht.

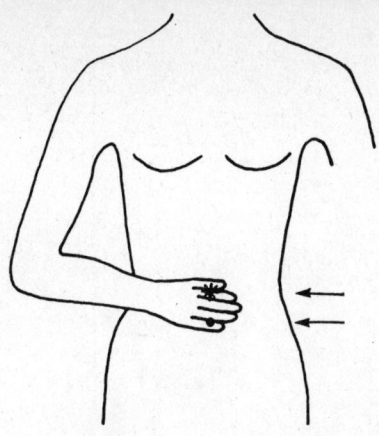

Abb. 33: So findet man den Tan-Den-Punkt

5. Den Punkt Tan Den aufsuchen. Dazu legt man die Hand der behandelten Person mit geschlossenen Fingern auf den Unterleib. Wenn der Zeigefinger über dem Nabel liegt, findet man an der Unterkante des Ringfingers senkrecht unterm Nabel diesen Punkt (siehe *Abb. 33*), den Sitz aller Spannungen und Gefühle. Dann legt man den Mittelfinger mit ganzer Länge auf diesen Punkt und den Mittelfinger der anderen Hand darüber. Ohne in den Unterleib hineinzudrücken, massiert man nun auf der Stelle mit sanften Kreisbewegungen im Uhrzeigersinn, wobei man sich nicht auf der Haut bewegt, sondern diese über dem darunterliegenden Gewebe verschiebt. Wenn einem das schwierig erscheint oder es dem Patienten unangenehm ist, benutzt man die ganze Handfläche (unterstützt von der anderen Hand) und massiert damit den gesamten Bereich.
6. Mit einer Effleurage zunächst die Bauchmitte massieren, dann um den Brustkorb herum und schließlich an den Seiten zurückkehren.
7. Technik 2 wiederholen.

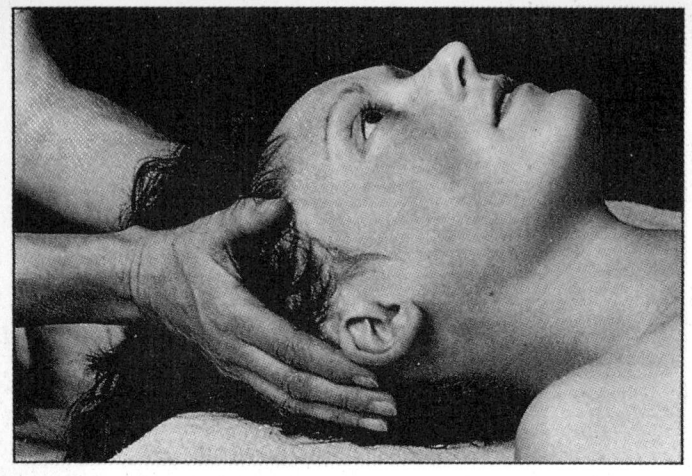

Abb. 34: Technik 1 (Kopfhaut)

Kopfhaut

Diese Massage ist sehr entspannend für alle, die unter Kopfschmerzen zu leiden haben. Man führt sie am besten mit dem Öl aus, das von der Massage anderer Körperteile an den Fingern zurückgeblieben ist. Wenn man speziell dafür Öl in die Hände gibt, geht es oft in den Haaren verloren.

1. Stellen Sie sich hinter den Kopf der behandelten Person und legen Sie die Finger ringsherum in möglichst großem Bogen an den hinteren Haaransatz. Die Finger von allen Seiten durchs Haar erst zur Kopfmitte und dann herausziehen. Fünf- oder sechsmal wiederholen (siehe *Abb. 34*).

2. Alle Finger auf die Kopfhaut legen, als seien sie festgeklebt, und die Finger zusammen mit der Kopfhaut auf den Knochen darunter hin- und herschieben. Nicht die Finger auf der Kopfhaut verschieben. Auflagefläche der Finger wechseln und wiederholen. Die Position wechseln und wiederholen, bis die ganze Kopfhaut mit dieser Friktionsmassage bearbeitet ist.

3. Technik 1 wiederholen.

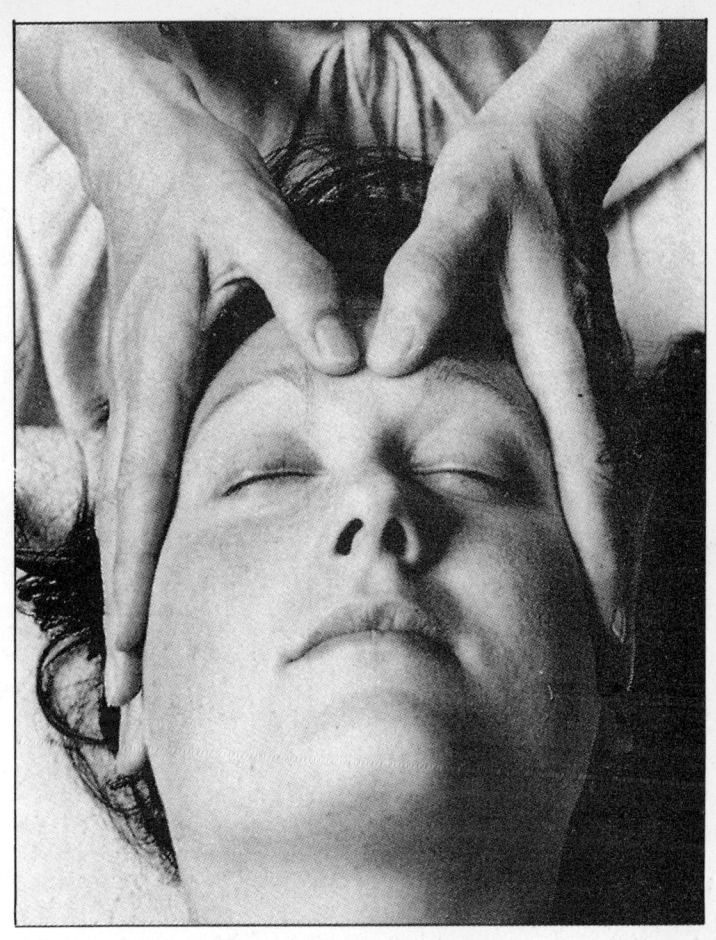

Abb. 35: Technik 5 (Gesicht)

Gesicht
Diese Massage ist sehr gut bei Kopfschmerzen, übermüdeten Augen, Beschwerden der Stirn- und Nebenhöhlen und bei Erkältungen im

Hals- und Nasenbereich. Bei Bronchitis und Erkältungen im Brustbereich ist es sehr hilfreich, die Reflexpunkte für Stirn- und Nebenhöhlen, Augen und Ohren, Wirbelsäule, Schultern, Hals und Lungen zu massieren. Danach sollte eine Aromatherapiemassage mit
den passenden Essenzen an Füßen, Beinen, Gesicht und Rücken
erfolgen. Technik 3, 5 und 7 können bei Kopfschmerzen, Erkältungen oder Stirn- und Nebenhöhlenbeschwerden auch allein angewandt werden, um die Blockaden zu lösen. Benutzen Sie dabei die
Finger, da das einfacher ist.

1. Eine sehr kleine Menge der Massageölmischung in eine Handfläche geben, die Hände aneinanderreiben und das Öl behutsam
   über Gesicht, Hals und oberen Brustbereich verteilen.
2. Geben Sie eine sanfte Effleurage mit beiden Händen, an Hals
   und Gesicht aufwärts. Umkreisen Sie dabei auch mit leichtem
   Druck der Ringfinger die Augen (wobei man von der Nasenwurzel ausgehend entlang der Augenbrauen beginnt) und streichen
   Sie mit den Händen abwechselnd auf der Stirn nach oben, indem
   Sie die Finger über die Stirn legen. Schließlich mit beiden Händen
   zu den Schläfen gleiten, wobei die Finger nach unten zeigen, und
   hier sanften, aber doch festen Druck ausüben.
3. Beide Daumen übereinander zwischen die Augenbrauen auf die
   Stirn legen und festen Druck nach unten ausüben. Die Finger
   liegen dabei locker an den Seiten des Kopfes. Eine Daumenbreite
   nach oben rücken und wiederholen. Drei- oder viermal bis zum
   Haaransatz wiederholen.
4. An derselben Stelle mit den Daumen abwechselnd nach oben
   streichen.
5. Die Daumen nebeneinander zwischen die Augenbrauen legen
   (siehe *Abb. 35*). Fest drücken und wieder loslassen. Mit den
   Daumen jeweils eine Daumenbreite auf den Augenbrauen zu den
   Schläfen hin rücken und wiederholen. Noch zweimal weiter nach
   außen rücken und wiederholen. Dann von neuem in der Mitte
   beginnen, diesmal aber eine Daumenbreite weiter nach oben auf
   der Stirn. Diese Reihen noch ein bis zweimal wiederholen, bis
   man kurz hinter dem Haaransatz angelangt ist.

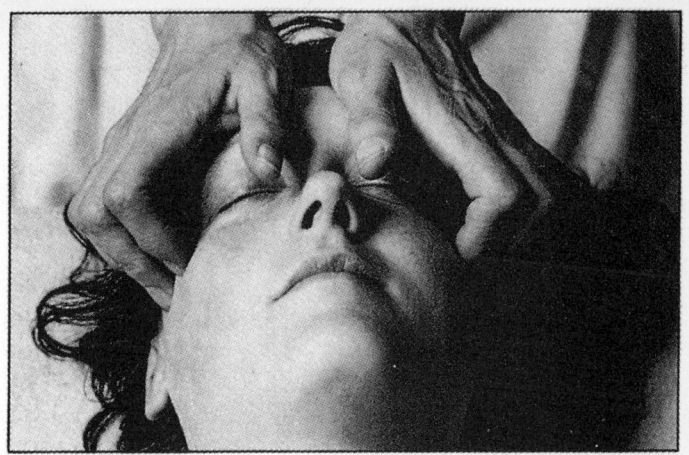

Abb. 36: Technik 6 (Gesicht) und Technik 9c (Gesicht)

6. Während die Finger weiter an den Seiten des Kopfes liegen, die Daumenballen (Thenar-Muskel) auf der Stirnmitte nebeneinanderlegen, so daß die Daumen aufs Kinn zeigen. Mit Druck nach außen zu den Schläfen gleiten. Drei- oder viermal wiederholen (siehe *Abb. 36*).

7. Daumen auf die Stirn legen und mit Zeige- und Mittelfingern neben der Nase auf den Wangenknochen drücken und wieder loslassen. Einen Fingerbreit nach außen rücken und wiederholen. Mit derselben Technik auf dem Bogen der Wangenknochen nach und nach bis zu den Schläfen rücken. Dann einen Fingerbreit im Gesicht nach unten rücken und den Bogen wiederholen. Wenn noch Platz ist, wiederholen (siehe *Abb. 37*).

8. Zur Nasenwurzel zurückkehren und mit Druck auf den Wangenknochen zu den Schläfen gleiten. Einen Fingerbreit weiter unten wiederholen. Etwas tiefer noch einmal wiederholen.

9.* (a) Zeigefinger auf die Oberlippe, Mittel- und Ringfinger unter die Lippen legen, so daß das Gesicht ganz umhüllt ist, und (b) nach außen und oben zu den Schläfen ziehen. (c) Die Finger auf den Schläfen lassen, sich zurücklehnen und die Daumenansätze auf die Mitte der Stirn legen. Mit den Daumen mit Druck zu den

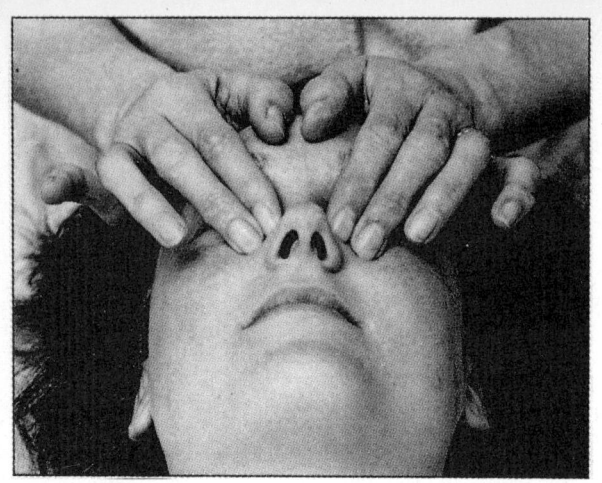

Abb. 37: Technik 7 (Gesicht)

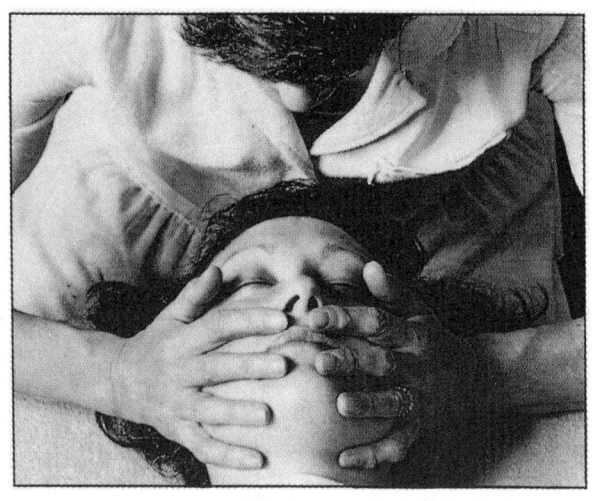

Abb. 38: Technik 9a (Gesicht)

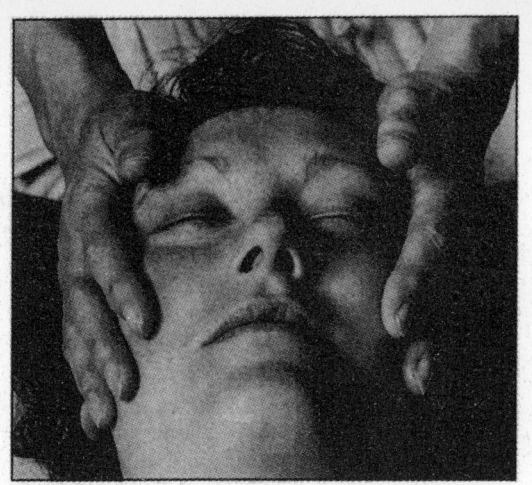

Abb. 39: Technik 9b (Gesicht)

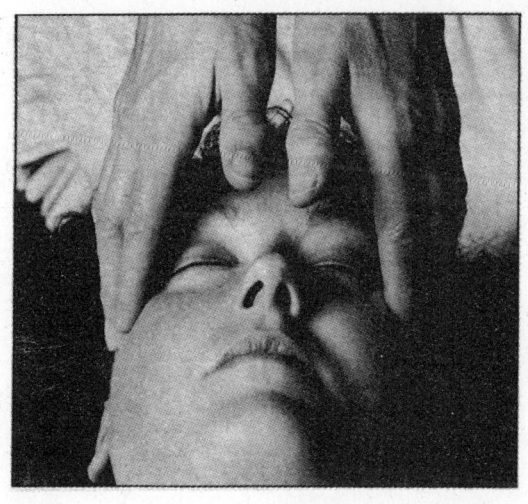

Abb. 40: Technik 6 (Gesicht) und Technik 9c (Gesicht)

103

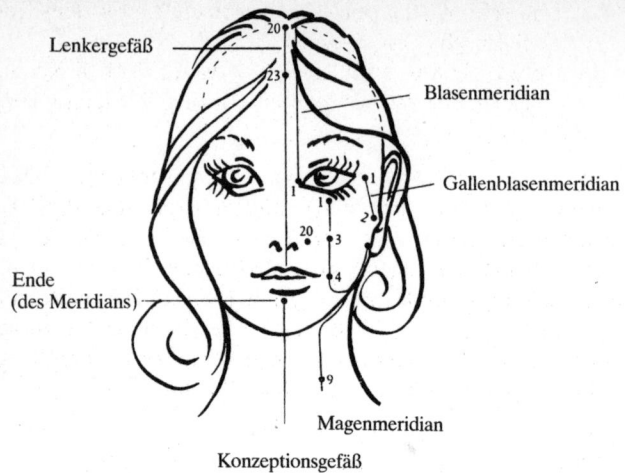

Lenkergefäß

Blasenmeridian

Gallenblasenmeridian

Ende
(des Meridians)

Magenmeridian

Konzeptionsgefäß

Abb. 41: Druckpunkte im Gesicht.

Schläfen gleiten, bis sie die Finger treffen. Die Daumen an den Schläfen lassen, die Finger abheben, sich wieder nach vorn lehnen und den ganzen Vorgang drei oder viermal wiederholen (siehe *Abb. 38, 39* und *40*).

10. Nach den Shiatsu-Punkten in *Abb. 41* vorgehen. Beim Drücken die Ring- oder Mittelfinger benutzen. Mit ein wenig Erfahrung gelingt es ohne weiteres, mit den Fingern an der bezeichneten Stelle eine kleine Vertiefung zu finden. Hier senkrecht nach unten Druck ausüben und dann langsam loslassen.

Man muß nicht alle Punkte behandeln; z.B. kann man die folgende Auswahl der Gesichtsdruckpunkte aus der Übersicht der Druckpunkte auf Seite 46 behandeln:

direkt neben den Mundwinkeln
etwa 2½ cm vor dem unteren Ende des Ohrläppchens, direkt unterm Kieferknochen
zwischen Unterlippe und Kinn (hier beim Drücken zwei Finger übereinander legen)

direkt über dem inneren Augenwinkel auf dem Knochen (hier nach oben drücken)

etwa 2½ cm vom äußeren Augenwinkel direkt auf der Schläfe (tasten, bis man eine kleine Vertiefung gefunden hat).

11. Technik 2 wiederholen, diesmal aber mit folgender Effleurage verbinden: vom Hals oben bis hinunter zur Brust, über die Brust, um die Schultern herum und zurück zum oberen Ende des Halses. Abschließend über Augen und Stirn streichen. Während man dabei abwechselnd mit den Händen über die Stirn streicht, nach und nach langsamer werden, bis schließlich die eine Hand nicht mehr auf den Kopf zurückkehrt, und die andere sich sehr langsam abrollt, so daß der kleine Finger als letzter vom Kopf abhebt.

Arme
Hierbei setzt sich die behandelte Person am besten hin.

1. Wie gewohnt, das Öl über die Arme verteilen. Mit einer Hand die Hand des massierten Menschen halten, mit der andern dem ganzen Arm eine Effleurage geben. Die Hände wechseln und dasselbe am Innenarm ausführen.

2. Bei Problemzonen (wenn z.B. Rheuma oder Arthritis vorliegt) kann man Friktionstechniken anwenden. Dabei wählt man von den bereits gelernten Techniken das, was sich am besten für die betroffene Stelle eignet.

3. Mit den Daumen über die Mitte der Handfläche streichen, wobei man die Hand von unten mit den anderen Fingern stützt. Auch den Thenarmuskel (großer Daumenmuskel am Handballen) und die Handkante streichen.

4. Mit den Daumen in der Handfläche auf die Finger zu Zickzackbewegungen ausführen, dann mit festem Druck die Daumen aufs Handgelenk zu schieben.

5. Zickzackbewegungen auf beiden Seiten des Handgelenks durchführen.

6. Mit der gesamten Länge der Daumen auf dem Handrücken eine Effleurage geben.

7. Die Effleurage aus Technik 1 wiederholen.

8. Alles am anderen Arm wiederholen.

Schultern

Viele Menschen haben Verspannungen im Nacken- und Schulterbereich bis hinunter zum unteren Ende der Schulterblätter. Das ist manchmal leichter im Sitzen zu behandeln, so daß Sie die Schultern von oben erreichen und eine Knetmassage oder Petrissage anwenden können.

1. Wie gewohnt Öl auftragen und rund um die Schultern eine sanfte Effleurage geben.
2. Abwechselnd mit den Daumen über den Bereich links der Wirbelsäule streichen, bis hinauf zum Hals und dann den Hals hinauf bis zum Haaransatz, falls erforderlich.
3. Den Muskel, der von der Schulter zum Hals führt, ergreifen, drücken und wieder loslassen.
4. Abwechselnd mit den Daumen oben auf der Schulter entlang auf den Nacken zu streichen und dann auch den Nacken hinauf, falls erforderlich.
5. Mit den Daumen eine Friktionsmassage an eventuell vorhandenen Knötchen in der Schultermuskulatur anwenden.
6. Technik 1 wiederholen.

9.

Die Zubereitung von Massageölen

Um die Massagebewegungen durchführen zu können, brauchen wir ein Gleitmittel, damit sich unsere Hände gleichmäßig über die Haut bewegen können. Manche Masseure benutzen Talkumpuder, was aber die Haut sehr austrocknen kann. Die meisten benutzen irgendein pflanzliches oder mineralisches Öl. Wenn man nur ein Gleitmittel für die Massage braucht, sind alle diese Hilfsmittel geeignet. Zur Aromatherapie aber braucht man eine Substanz, die in der Lage ist, die zur Behandlung ausgewählten Essenzen durch die Haut und in die Blutbahn zu transportieren. Die ätherischen Öle selbst sind nämlich ihrem Namen zum Trotz nicht ölig oder fettig. Wir müssen also Öl statt Puder nehmen.

Mineralöle sind nutzlos. Die ätherischen Öle lösen sich zwar darin auf, aber Mineralöl durchdringt die Haut nur in sehr geringem Maße (deswegen benutzt man es gern für Babycremes) – so wird auch den ätherischen Ölen das Durchdringen der Haut erschwert.

Ideal sind bestimmte feine Pflanzenöle, die selbst schon ziemlich gut in die Haut eindringen. Deshalb hindern sie die ätherischen Öle mit ihren guten Durchdringungseigenschaften nicht daran, die Blutbahn zu erreichen. Die Wahl eines reinen und sehr feinen Öls von guter Qualität als Trägersubstanz ist wesentlich, um die heilende Wirkung der darin aufgelösten ätherischen Öle zu beschleunigen. Es ist nur gerade so viel notwendig, daß man sich geschmeidig über die massierte Fläche bewegen kann. Wenn man zuviel verwendet, rutscht man hin und her, verschwendet das Öl, und die Massage ist nicht sehr wirksam.

Es gibt ein paar sehr gut als Basis geeignete Pflanzenöle, die miteinander gemischt werden können. Wesentlich bei der Wahl der Trägersubstanz ist einmal der Geruch (das Trägeröl sollte möglichst geruchlos sein), dann die Beschaffenheit des Öls, und schließlich der Preis.

Alle Trägersubstanzen müssen natürlich aus 100%ig reinem, nicht raffiniertem (möglichst kaltgepreßtem) Öl bestehen, damit das Öl gut eindringen kann. Gewöhnlich ist teureres Öl besser und hält sich auch länger.

Am leichtesten dringen wahrscheinlich Avocado- und Haselnußöl in die Haut ein. Am nährstoffreichsten sind Avocado- und Weizenkeimöl. Kalendulaöl ist ein ganz besonderes Trägeröl (ich gehe auf Seite 109 näher darauf ein) und bei bestimmten Hautleiden und Krampfadern angebracht. Traubenkernöl, Olivenöl, Pfirsichkernöl, Mandelöl, Maisöl, Sojaöl und Sonnenblumenöl sind alle gut als Basissubstanzen geeignet. In der Wirkung unterscheiden sie sich wenig, wohl aber in ihrem Eigengeruch (das ist sehr wichtig – die Trägeröle sollten geruchlos sein), im Durchdringungsgrad, im Preis (ziemlich unterschiedlich) und in der Haltbarkeit (auch sehr wichtig).

Ich bevorzuge als Trägersubstanz Traubenkernöl. Es ist sehr klar und fein und völlig geruchlos – mit andern Worten: es hat alle Eigenschaften, die ein gutes Basisöl mitbringen muß. Außerdem ist es eins der preiswertesten Öle – ein weiterer Vorteil.

Traubenkernöl kann wie jedes andere Trägeröl allein verwendet werden. Wenn man aber eine Flasche mit Massageöl zum täglichen Gebrauch zubereitet, sollte man 5% Weizenkeimöl hinzugeben, um die Haltbarkeit zu verbessern. Weizenkeimöl wirkt der Oxidation entgegen. Maisöl ist keine gute Wahl, weil es sich am schlechtesten hält. Pflanzenöle allein halten sich recht gut, wenn sie aber erst mit ätherischen Ölen vermischt sind, oxidieren sie leicht und werden ranzig. Man sollte also nie mehr als den Vorrat für etwa zwei Monate (50–100 ml) auf einmal mischen und immer 5% Weizenkeimöl hinzufügen.

Weizenkeimöl ist auch gut für trockene Haut – man kann den Prozentsatz erhöhen, wenn man will – allein aber wird es selten benutzt, weil es zu fett und schwer und außerdem recht teuer ist.

Auch Avocadoöl ist schwerer und teurer und wird deshalb selten allein als Trägeröl benutzt. Es ist ebenfalls gut für trockene Haut und normalerweise fügt man es dem Traubenkernöl hinzu, um die Durchdringungseigenschaften zu verbessern, denn es ist zusammen mit Haselnußöl die Substanz, die am besten eindringt. Also kann man 5% davon der Mischung beifügen, um das Eindringen zu beschleunigen. Auch wenn Ihr Patient viel Fettgewebe hat, ist Avocadoöl angebracht.

Eine 50-ml-Flasche mit Trägeröl könnte also aus folgenden Bestandteilen bestehen:

1 Teelöffel Weizenkeimöl
1 Teelöffel Avocado- oder Haselnußöl   in die Flasche geben.

Mit Traubenkernöl oder einem anderen Basisöl auffüllen.

Danach gibt man das Therapiemittel dazu: die ätherischen Öle.

Kalendulaöl wird aus einer bestimmten Ringelblumenart gewonnen und hat außergewöhnliche Eigenschaften. Es ist gewissermaßen ein fertig zubereitetes therapeutisches Massageöl, denn es enthält bereits die aus den Blüten gewonnenen Essenzen und wird nicht ranzig. Man kann durch Destillation auch eine reine Kalendulaessenz gewinnen, das hat bisher jedoch niemand getan, weil die heilenden Pflanzenextrakte im normalen Kalendulaöl mitenthalten sind.

Die Kalendulapflanze kommt aus Ägypten und wird dort als medizinische Pflanze hochgeschätzt. Sie eignet sich hervorragend zur Behandlung von Entzündungen, wie Frostbeulen und rheumatischen Gelenken und fördert die Erneuerung des Körpergewebes. Die Blüten dieser Pflanze enthalten Karotin. Man kann sie pflücken und über den Salat streuen oder im Reis mitkochen, so daß er auch ohne Safran gelb wird.

Kalendulaöl ist ziemlich teuer, deswegen benutzen es die Aromatherapeuten oft in Kombination mit einem anderen Trägeröl und fügen dann die Essenzen hinzu. Anwendungsmöglichkeiten:

Durchblutungsstörungen: Frostbeulen, Hämorrhoiden,
   Entzündungen, Krampfadern
Verdauungsbeschwerden: Enteritis (Dünndarmentzündung),
   Gallenbeschwerden, Gastritis, Magenverstimmung, Stauungsleber,
   Magengeschwüren
Menstruationsbeschwerden: unregelmäßige oder schmerzhafte
   Periode, Menopause
Muskelbeschwerden: Rheumatismus, Arthritis
Nervenleiden: Angst, nervöse Störungen
Hautkrankheiten und -verletzungen: Blutergüsse, Verbrennungen,
   rissige und aufgesprungene Haut, Frostbeulen, Entzündungen,
   zur Verjüngung, bei Hautkrankheiten, Verstauchungen,
   Geschwüren, Wunden.

Die Zugabe ätherischer Öle

Es ist wichtig, die Menge ätherischen Öls richtig zu bestimmen, die
man zur Trägersubstanz hinzufügen will. Sie hängt vor allem von der
Größe der Fläche ab, die man in einer Massagesitzung behandeln
will. Die richtige Aromatherapie, wie sie von Schönheits- und Physiotherapeuten ausgeführt wird, ist *umfassend* und sollte an Gesicht,
Kopfhaut, Körper, Beinen und Armen durchgeführt werden. Wenn
Sie selbst bei bestimmten Beschwerden helfen wollen, können Sie
sich auf den betroffenen Körperteil beschränken.

Bedenken Sie immer, daß das einmassierte ätherische Öl sich
durch die Blutbahn im ganzen Körper verteilt. Wenn man also das
Massageöl, das man normalerweise zur Ganzkörpermassage nimmt,
in derselben Konzentration nur für den Rücken verwendet, dann
gelangt vielleicht nicht genügend ätherisches Öl in die Blutbahn, und
die heilende Wirkung kann sich nicht voll entfalten. Geben Sie etwa
15 bis 30 Tropfen ätherisches Öl auf eine 50 ml-Flasche mit Trägeröl.
Sie werden nur etwa einen Teelöffel voll auf einmal verwenden,
folglich gelangt auch nur wenig ätherisches Öl bei der Massage in die
Blutbahn - etwa die zwei bis drei Tropfen entsprechende Menge.

Bei manchen Beschwerden jedoch (und für manche Menschen)
ist die Verwendung eines Träger*öls* nicht immer günstig. Dann kann

man mit gutem Erfolg eine Trägerlotion verwenden. Ich lasse meine speziell zubereiten – sie ist rein pflanzlich und nicht fettend. Wenn Sie an dieser Lotion interessiert sind, schreiben Sie an Shirley Price Aromatherapy (die Adresse finden Sie auf Seite 180).

Hier möchte ich erwähnen, daß einige ätherische Öle eine normalisierende Wirkung haben. Sie können beruhigen oder aufmuntern, entspannen oder stimulieren, je nach dem Zustand des Menschen, und sie eignen sich zur Behandlung sowohl von fettiger als auch von trockener Haut.

Die genaue Dosierung der ätherischen Öle kann entscheidend für die Heilung sein, wie ich es im Zusammenhang mit Digitalis bereits erwähnt habe. Normalerweise sollte die Dosis um so geringer sein, je toxischer eine Substanz ist. Salbei und Fenchel sind stärker toxisch als die meisten anderen Öle. Rose, Lavendel und Kamille sind von geringer Toxizität. Keines der Öle auf unserer Liste ist sehr toxisch.

Manche Beschwerden sprechen besser auf eine stark verdünnte Essenz an, während bei anderen dasselbe Öl, nur in stärkerer Konzentration, angewandt wird. Sie werden sehen, daß vorsichtiges Probieren der Dosis manchmal eine große Rolle dabei spielt, die Konzentration der Essenzen herauszufinden, die ein bestimmter Mensch bei bestimmten Beschwerden braucht.

Das mag für den Anfänger verwirrend klingen, aber mit der Erfahrung kommen auch Sachkenntnis und Selbstvertrauen. Anfangs sollte man am besten die hier angegebene Durchschnittsmenge – oder auch weniger – verwenden. Nur wenn man damit nicht die gewünschten Ergebnisse erzielt, sollte man die Konzentration erhöhen. Es ist keineswegs selbstverständlich, daß mehr Öl auch mehr Wirkung bringt – *oft ist das Gegenteil der Fall*.

Niedrige Konzentrationen ergeben oft genauso gute oder bessere Resultate, wenn das Problem im Gefühlsbereich liegt. Wenn aber die Beschwerden eher körperlicher Natur sind, verhilft wahrscheinlich eine höhere Konzentration zu besserem Erfolg.

10.

Rezepte

In der Tabelle auf Seite 124 finden Sie Beschreibungen vieler auf dem Markt befindlicher ätherischer Öle und eine Liste ihrer Anwendungsgebiete. Ich habe darin die gebräuchlichsten, nützlichsten und interessantesten Öle aufgenommen. Die Liste ist in drei Bereiche unterteilt: Öle mit Spitzennote, die vorwiegend anregend und belebend wirken; Öle mit Mittelnote, die bei den meisten körperlichen Beschwerden angewendet werden, und Öle mit Basisnoten, sie wirken vor allem beruhigend und entspannend.

Noch nützlicher allerdings wird für Sie der Therapeutische Index auf Seite 154 sein. Hier finden Sie die Informationen, die Sie brauchen, um bei bestimmten Beschwerden das richtige Öl zur Behandlung zu wählen.

Die meisten gängigen Beschwerden können mit den preiswerteren Ölen wie Lavendel und Kamille therapeutisch behandelt werden. Andererseits sind Jasmin, Neroli (Orangenblüte) und Rose unschlagbar wegen ihrer angenehmen Aromen und ausgezeichneten Wirkungen bei nervösen Beschwerden wie Anspannung, Angstzuständen und Streß.

Ätherische Öle können auf verschiedene Arten verwendet werden: in Tee, als Badezusatz, als Bestandteil von Massageöl, und so weiter. Wenn Sie mit allen diesen Methoden arbeiten wollen, ist es hilfreich, in einer 10-ml-Tropfenflasche jeweils ca. 20 Tropfen der Öle zu mischen, die Sie für Ihre Behandlung (z.B. Muskelkrämpfe) ausgewählt haben. So erhalten Sie eine fertige Mischung (auf das Etikett der Flasche schreiben Sie in diesem Beispiel „Krämpfe") aus reinen ätherischen Ölen, die Sie im Tee, zur Herstellung von Massageöl oder als Badezusatz verwenden können.

Und jetzt wird es spannend! Jetzt geht es darum, die Öle auszuwählen.

Im Therapeutischen Index werden Sie feststellen, daß nicht nur mehrere Öle bei einem Problem wirken, sondern auch ein Öl bei mehreren Arten von Beschwerden angewendet werden kann. Notieren Sie also zunächst, was Sie hauptsächlich behandeln wollen. Nehmen wir einmal an, Sie leiden unter Rheumatismus und Migräne. Entscheiden Sie, wobei Ihr Unwohlsein am größten ist. Nehmen wir an, es ist die Migräne. Schreiben Sie sich jetzt aus dem Therapeutischen Index alle Öle zur Behandlung von Migräne heraus:

„Migräne: Basilikum, Eukalyptus, Kamille, Lavendel, Majoran, Melisse, Pfefferminze, Rosmarin, Rose."

Natürlich kann man diese Öle nicht alle auf einmal verwenden! Wenn Sie nur unter Migräne leiden, suchen Sie sich aus dieser Liste zwischen ein und vier Öle aus (nie mehr als vier!) und mischen Sie einen Duft, der Ihnen gefällt. Da aber Ihr Rheumatismus wenn möglich gleich mitbehandelt werden soll, schlagen Sie unter dem Stichwort „Rheumatismus" nach, ob hier ebenfalls einige dieser Öle aufgeführt sind.

„Rheumatismus: Eukalyptus, Zitrone, Salbei, Thymian, Kamille, Wacholder, Ysop, Lavendel, Majoran, Rosmarin."

Eukalyptus, Kamille, Lavendel, Majoran und Rosmarin eignen sich also zur Behandlung *beider* Beschwerden gleichzeitig. Als nächstes geben Sie etwa einen Teelöffel Trägeröl in einen Eierbecher, fügen je einen Tropfen der Essenzen hinzu, die Sie verwenden wollen, und verreiben davon ein wenig auf dem Handrücken. Gefällt Ihnen der Duft? Dann sind das die richtigen Öle für Sie. Wenn Sie Eukalyptus oder Kamille verwendet haben und Ihnen einer davon zu beherrschend erscheint, geben Sie je nach Geschmack noch einen Tropfen Lavendel, Majoran oder Rosmarin hinzu oder auch einen Tropfen Rosenöl, wenn Ihnen der Geruch der Mischung dann angenehmer ist. Rose ist ja immerhin für die eine Ihrer Beschwerden, für Migräne, empfohlen.

Ein weiteres Beispiel: Nehmen wir an, daß die Ursache für Ihre Beschwerden vor allem in nervöser Anspannung zu suchen ist und Sie unter Migräne und unregelmäßiger Periode zu leiden haben. Also schreiben Sie alle Essenzen auf, die gegen Anspannung empfohlen sind.

„Anspannung: Basilikum, Bergamott, Kamille, Wacholder, Lavendel, Majoran, Melisse, Jasmin, Neroli, Rose, Sandelholz und Ylang-Ylang."

Eine lange Liste! Wenn Sie nur Ihre Anspannung behandeln wollen, suchen Sie sich ein bis drei Öle aus, deren Duft eine möglichst entspannende Wirkung auf Sie ausübt. Bedenken Sie dabei: Spitzennoten haben einen schärferen Duft; die Öle mit Mittlnoten sind zwar sehr unterschiedlich, aber niemals holzartig oder schwer; Basisnoten sind viel süßer und schwerer. Entscheiden Sie, ob Sie lieber einen leichten oder einen schweren Duft haben wollen und wählen Sie entsprechend aus. Da wir auch die Migräne behandeln wollen, schreiben Sie die hierfür empfohlenen Öle auf, die auch gegen Anspannung angegeben sind:

„Migräne: Basilikum, Kamille, Lavendel, Majoran, Melisse, Rose."

Dann schauen Sie unter „Unregelmäßige Periode" nach und stellen fest, daß hier Kamille, Melisse und Rose empfohlen werden. Da diese Essenzen in jeder Rubrik erscheinen, sind sie die richtigen für die Behandlung. Wenn Sie jedoch kein Rosenöl haben, können Sie stattdessen auch Lavendel oder eine andere Basisnote aus der Liste der gegen Anspannung empfohlenen Öle verwenden.

Ätherische Öle zur Aromatherapie auszuwählen und zu mischen ist eine faszinierende Beschäftigung, und mit etwas Erfahrung können Sie selbst die beste Mischung für Ihre persönlichen Beschwerden herausfinden. Für den Anfang gebe ich Ihnen hier aber einige bewährte Rezepte und sage Ihnen auch, welche Öle in der Behandlung bestimmter Probleme gut zueinander passen. Falls es nur um den Duft geht, finden Sie in der Tabelle ätherischer Öle auch andere Öle, die im Duft gut harmonieren. Wer schon einmal Parfüm gekauft oder geschenkt bekommen hat, weiß, daß bestimmte Düfte dem einen Menschen gefallen und dem nächsten gar nicht – daher kann ich hier nur aus meiner eigenen Erfahrung heraus etwas vorschlagen. Sie müssen selbst Ihren eigenen Duft finden – das geht am besten, wenn Sie verschiedene Kombinationen der Öle ausprobieren, die sich zur Behandlung Ihrer Probleme eignen.

Jedes Öl kann natürlich auch allein benutzt werden. Zum Beispiel könnte man im obigen Beispiel *entweder* Melisse, Rose *oder* Kamille verwenden, wenn einem der Duft so gefällt.

Bei einigen Symptomen werden Sie feststellen, daß es dafür keinen wirklich angenehmen Duft gibt. In diesem Fall fügen Sie einfach einen oder zwei Tropfen von irgendeinem Öl hinzu, das Sie gern riechen. Hierbei ist Jasmin von besonderem Nutzen.

Ätherische Öle innerlich anzuwenden ist nie ganz angenehm, außer im Tee. Im Tee schmeckt man das ätherische Öl nur recht schwach, und da es der Gesundheit dient, kann man den Geschmack akzeptieren lernen. Da es aber Tausende möglicher Kombinationen gibt, selbst wenn Sie nicht sehr viele verschiedene Öle besitzen, sollten Sie eine Mischung finden können, die Ihnen einigermaßen schmeckt.

Denken Sie immer daran, daß auch die innere Einstellung bei Krankheiten eine wichtige Rolle spielt. Krankheit ist nicht immer etwas rein Körperliches. Bedenken Sie außerdem, daß bei psychischen Problemen normalerweise eine starke Verdünnung genügt, während bei rein körperlichen Beschwerden die Konzentration höher sein sollte.

Um die Mengenverhältnisse abzustimmen, wenn man aus mehreren unverdünnten Essenzen eine Mischung die in verschiedener Weise für ein Problem verwendet werden soll herstellt, kann man sehr gut eine Injektionsspritze vom Apotheker verwenden – es ist auch einfacher, als die Tropfen zu zählen. Vergessen Sie nicht, auf einem Etikett auf die Flasche zu schreiben, wie Sie die Mischung zubereitet haben, z. B.:

Verdauungsbeschwerden		Verdauungsbeschwerden
2 ml Pfefferminze		40 Tropfen Pfefferminze
1 ml Kamille	oder	20 Tropfen Kamille
1 ml Fenchel		20 Tropfen Fenchel

Bevor ich Ihnen die Rezepte vorstelle, die ich (erfolgreich) an meinen Klienten angewendet habe, möchte ich noch einmal daran erinnern, daß nicht jeder Mensch auf dieselbe Duftmischung in derselben Weise reagiert. Bei manchen Menschen hatten meine Mischungen nicht die gewünschte Wirkung, und ich mußte oft nach Alternativen suchen.

Die Zahlen in den Rezepten beziehen sich auf Tropfen oder Milliliter. Wenn Sie also eine kleine Menge zur Probe herstellen, mischen Sie ein paar Tropfen als Zusatz zu Tees, Bädern oder Massageölen und sehen dann, ob Ihnen diese Mischung angenehm ist und guttut. Für eine Massageölprobe teilen Sie die angegebene Tropfenzahl durch 4, 5 oder 6 – wie es am besten aufgeht – und lösen die Essenzen in zwei Teelöffeln Trägeröl auf. In den Rezepten habe ich immer die *Höchstmenge* angegeben. Durch einfaches Teilen können Sie aber leicht auch niedrigere Mengen berechnen. Wenn Sie sich Ihre ersten Flaschen mit Massageöl mischen, benutzen Sie immer die niedrigste Konzentration. Bei Bedarf kann man immer noch mehr hinzugeben. Wenn man mehr als drei Öle benutzt, sollte man bei der Teezubereitung eins weglassen, sonst wird der Tee zu stark. Oder Sie mischen aus verschiedenen Ölen insgesamt etwa 15 Tropfen und verwenden davon 10 fürs Bad und 3 im Tee. Oder auch 10 als Badezusatz und 5 in einem Teelöffel Trägeröl für die Massage. Wenn Sie ein Rezept gefunden haben, das Ihnen zusagt, können Sie mit einer Spritze nach Millilitern abmessen und sich eine Tropfenflasche mit Ihrer persönlichen Mischung zusammenstellen, die Sie dann für alle Behandlungsformen in folgenden Dosierungen benutzen können:

Bäder	10 Tropfen (auch bei Fuß- oder Handbädern)
Kompressen	10 Tropfen auf eine halbe Tasse Wasser (100 ml)
Inhalieren	10 Tropfen auf ein Papiertaschentuch
	10 Tropfen auf eine halb gefüllte Schüssel mit heißem Wasser
Massageöl	15-30 Tropfen auf 50 ml Trägeröl
Medizin	3-4 Tropfen in Rotwein oder Honig mit Wasser, zwei- bis dreimal täglich einnehmen
Tee	2-3 Tropfen auf eine Kanne (1 Teebeutel) mit 3-4 Tassen, ohne Milch, 3mal täglich einnehmen

Denken Sie daran: Bei psychischen Problemen können Sie die Dosis herabsetzen, bei körperlichen Beschwerden erhöhen. Benutzen Sie aber *niemals* mehr als 10 Tropfen bei einer einzelnen Behandlung, damit könnten Sie die wohltätige Wirkung einschränken. Natürlich kann man am selben Tag mehrere verschiedene Behandlungstechniken anwenden, also zum Beispiel Tee trinken, ein duftendes Bad nehmen und massieren oder eine Kompresse auflegen.

Wie man die folgenden Rezepte anwendet, habe ich bereits in den Kapiteln „Einfache Behandlungstechniken in der Aromatherapie" und "Aromatherapie-Massagetechniken" erklärt.

Wenn Sie persönlich lieber fertig gemischte Öle verwenden wollen, wenden Sie sich an die am Ende des Buches angegebenen Adressen.

Arthritis und Gelenkbeschwerden

	Benzoe	Kamille	Rosmarin	Salbei
Bad	2	2	3	3
Massageöl	6	6	8	8
Tee	1	1	–	1
	Benzoe	Lavendel	Rosmarin	Ringelblume
Bad	1	2	2	3
Massageöl	4	8	8	12
Tee	–	–	–	2

Arthritis und Rheumatismus

	Eukalyptus	Wacholder	Majoran	Rosmarin
Bad	2	3	2	3
Massageöl	6	8	6	8
Tee	–	–	1	1

Bluthochdruck

	Lavendel	Ylang-Ylang
Bad	5	5
Massageöl	15	15
Medizin	2	2
Tee	1	1

Bronchitis

	Eukalyptus	Ysop	Sandelholz
Bad	6	2	2
Kompresse	6	2	2
Inhalieren	6	2	2
Massageöl	15	10	5
Medizin	2	1	1

Dermatitis

	Geranie	Wacholder	Lavendel	Benzoe
Bad	4	2	2	2
Massageöl	12	6	6	6

Ekzeme	Bergamott	Geranie	Wacholder	Lavendel
Kompresse	2	2	4	2
Massageöl	5	5	10	5

Erkältung im Hals-, Nasen-, Ohrenbereich

	Basilikum	Eukalyptus	Pfefferminze
Bad	4	4	2
Inhalieren	4	4	2

Frostbeulen

	Zitrone	Zypresse	Lavendel
Kompressen	3	3	3
Massageöl	5	5	5

Haarwasser

Zedernholz	Wacholder	Rosmarin
10	10	15

In 50 ml Alkohol auflösen, nicht in Öl

Husten und Schnupfen

	Benzoe	Schw. Pfeffer	Eukalyptus	Ysop
Bad	4	3	4	2
Inhalieren	4	2	4	2

Insektenabschreckung

	Eukalyptus	Pfefferminze	Zedernholz
Öl z. Einr.	12	6	6

Krämpfe

	Basilikum	Majoran
Bad	5	5
Massageöl	15	15

Migräne und Rheumatismus

	Lavendel	Majoran	Melisse	Salbei
Bad	2	2	4	4
Kompresse	2	2	4	4
Massageöl	5	5	10	10
Tee	1	1	1	–

Muskelschmerzen

	Eukalyptus	Rosmarin	Salbei
Bad	3	3	4
Kompresse	3	3	4
Hand- oder Fußbad	3	3	4
Massageöl	8	8	12

(Mangelnder) Muskeltonus

	Schw. Pfeffer	Lavendel	Zitronengras
Bad	4	3	3
Massageöl	12	8	8

Neben- und Stirnhöhlenbeschwerden

	Basilikum	Eukalyptus	Lavendel	Pfefferminze
Bad	3	3	3	3
Inhalieren	3	3	3	3
Massageöl	8	8	8	8

Nervöse Anspannung

	Bergamott	Majoran	Neroli	Sandelholz
Bad (1)	–	–	5	–
Bad (2)	2	2	1	2
Massageöl	4	4	4	4
Tee (1)	1	–	–	1
Tee (2)	–	–	2	–
	Basilikum	Wacholder	Lavendel	Ylang-Ylang
Bad	1	2	2	1
Massageöl (1)	4	4	4	4
Massageöl (2)	–	–	6	12
Tee	–	–	1	1

Schlaflosigkeit

	Kamille	Wacholder	Majoran	Rose
Bad	2	4	4	2
Tee	1	1	1	–

Schlaflosigkeit und Streß

	Kamille	Wacholder	Majoran	Melisse
Bad	2	4	2	4
Tee	1	1	1	–
	Benzoe	Kamille	Wacholder	Neroli
Bad	2	2	2	4
Tee (1)	–	–	–	2
Tee (2)	1	–	–	1

Schlechte Durchblutung

	Benzoe	Schw. Pfeffer	Wacholder
Bad	2	4	4
Massageöl	8	12	12
Tee	1	1	1

Schweißfüße

	Bergamott	Muskateller-salbei	Zypresse
Fußbad	4	4	2

Unregelmäßige Periode

	Kamille	Melisse	Rose
Bad	4	4	4
Kompresse	4	4	4
Massageöl	10	10	10

Unterhautrisse

	Weihrauch	Lavendel	Zitronengras
Massageöl	10	15	5

Verdauungsstörungen

	Fenchel	Melisse	Pfefferminze
Medizin	1	1	2
Tee	1	1	1
	Fenchel	Pfefferminze	Salbei
Medizin	1	1	1
Tee	1	1	1

Verstopfung und Zellulitis

	Fenchel	Rosmarin
Bad	5	5
Massageöl	15	15
Medizin	2	2
Tee	1	1

Zellulitis (und Verkaterung!)

	Fenchel	Wacholder	Rosmarin	Salbei
Bad	4	1	2	2
Massageöl	12	4	8	8

11.

Überblick über die ätherischen Öle

Wie rein ist ein ätherisches Öl?

Diese Frage ist nicht leicht zu beantworten, da die Herstellungsverfahren oft nicht gerade einfach sind. Aus einigen Pflanzen lassen sich Essenzen auf ziemlich direkte Weise gewinnen, durch Dampfdestillation etwa oder durch Auspressen, wie bereits im Kapitel über ätherische Öle geschildert. Bei anderen Pflanzen und bei Baumharzen sind die Verfahren komplizierter. Hier werden flüchtige Lösungsmittel in einem geschlossenen Kreislauf und Vakuumkolben verwendet. Dadurch erhält man eine feste Masse, die aus der Essenz, natürlichen Wachsen und Farben besteht. Diese Substanz heißt bei den Parfümherstellern französisch *„concrète"*. Sie wird dann mit Alkohol vermischt, um die Wachse zu lösen, und das absolute Öl, die *„essence absolue"*, bleibt zurück. Diese Öle sind gewöhnlich dickflüssiger als die durch Destillation gewonnenen. Sie sind natürlich sehr teuer und von wirklich herrlichem Aroma.

Um eine Vorstellung von der Vielfalt der Essenzen zu geben, betrachten wir das Beispiel Rosenöl:

Das absolute Rosenöl (auch Rose-de-Grasse oder Rose-de-Mai genannt) wird nur in bestimmten Ländern hergestellt und ist normalerweise von bräunlich-gelber Farbe. Andere Länder stellen ein Rosenöl namens „Otto" oder „Attar" her. Dieses wird durch Dampfdestillation gewonnen und ist viel heller, fast farblos. Es kann noch teurer sein als ein absolutes Rosenöl. Dem „Otto"-Rosenöl werden die besten Heilwirkungen zugeschrieben, es riecht allerdings weniger exotisch.

Wenn die absoluten Öle nicht sehr sorgfältig hergestellt sind, bleibt oft ein wenig Alkohol zurück. Eine geschulte „Nase"* kann

---

* „Nase" ist der offizielle Titel, der einem Parfümeur mit mehr als zwanzig Jahren Berufserfahrung mit ätherischen Ölen zugesprochen wird kann diese Beimengungen entdecken. Solche Öle gelten dann als verunreinigt.

Auch Attar-Rosenöl kann auf raffinierte Weise verunreinigt sein, entweder im Ursprungsland oder auch später, indem minderwertige Rosenöle oder synthetische Substanzen zugefügt werden. Hierzulande ist beim Kauf dieser Öle große Vorsicht geboten.

Pomaden werden durch Enfleurage hergestellt. Dabei werden Fettschichten mit immer neuen Blüten überdeckt, bis das Fett mit dem Duft der Blüten vollgesogen ist. Nach einigen Tagen werden die Blüten abgeseiht. Die zurückbleibende wachsähnliche Substanz nennt man Pomade. Mit einem Lösungsmittel läßt sich dann die Essenz aus dem Fett extrahieren. Wieder hängt die Reinheit des Öls davon ab, wie gründlich es vom Lösungsmittel getrennt wurde.

Ölmischungen lassen sich herstellen, indem man verschiedene reine und natürliche Öle miteinander vermischt – auch die Öle, die Sie sich selbst als Tee- oder Badezusatz zusammenstellen, sind *Ölmischungen*. In der Branche aber gelten Ölmischungen als verfälscht, weil sie immer unter *einem* Namen enthalten sein können. Wenn z.B. ein Erzeuger von Rosmarinöl eine schlechte Rosmarinernte hat, kann er das Öl durch den Zusatz von Kampferessenz verfälschen. Diese verleiht dem schlechten Rosmarinöl ein besseres „Rosmarin"-Aroma.

Oft werden auch synthetische Substanzen unter das reine Öl gemischt. Das ergibt einen guten Duft und verringert die Kosten.

Solche *Ölmischungen* mögen für die Parfümindustrie gut genug sein, für die Aromatherapie aber bringen sie nicht die nötigen heilenden Eigenschaften mit, deshalb kann sie der Aromatherapeut nicht verwenden.

Da es sich bei ätherischen Ölen um Naturprodukte handelt, sind Quantität, Qualität und auch die Eigenschaften der Essenzen von Jahr zu Jahr, je nach Wetterlage usw. verschieden, wie ich bereits erklärt habe. Somit sind auch die Preise von Ernte zu Ernte unterschiedlich. Der Preis hängt auch sehr von der Ölmenge ab, die aus einer Pflanze gewonnen werden kann: Eukalyptus zum Beispiel ist sehr ergiebig, Jasmin-, Rosen- und Orangenblüten hingegen enthalten nur wenig Öl. Deswegen müssen Sie damit rechnen, daß Sie für diese drei Öle bis zu zehn- oder zwölfmal soviel wie für andere zahlen müssen, denn hier braucht man viel größere Blütenmengen und wesentlich mehr Arbeitsaufwand, um dieselbe Menge Essenz zu erzeugen. In vielen Geschäften und Kräuterläden kann man Jasmin und andere Öle kaufen, die in Alkohol oder Pflanzenöl verdünnt sind. Auf der Flasche steht nicht, daß sie verdünnt sind, am Preis aber können Sie es ablesen. Das bedeutet, daß Sie diese Öle zwar für alle möglichen Zwecke verwenden können, nicht aber für die Rezepte, die ich in diesem Buch empfehle. Denn hierfür braucht man in jedem Fall unverdünnte und unvermischte reine ätherische Öle.

So gibt es einige Fallen für Unvorsichtige oder Unerfahrene bei der Wahl einer Essenz für therapeutische Zwecke. Am besten kauft man seine Ölvorräte nur von ehrlichen, zuverlässigen Quellen, denen Sie vertrauen. Das Element des Vertrauens ist von größter Wichtigkeit im Geschäft mit ätherischen Ölen, denn reine Öle auszuwählen ist eine hohe Kunst, für die man Wissen und umfassende Erfahrung braucht.

Liste der ätherischen Öle

Alphabetische Liste der Essenzen

Name	Note	allgemeine Wirkung
Anis	Mitte	wärmend und anregend
Basilikum	Spitze	belebend und erfrischend
Benzoe	Basis	wärmend und entspannend
Bergamott	Spitze	belebend und erfrischend; auch entspannend
Bohnenkraut	Mitte	anregend und wärmend
Estragon	Basis-Mitte	wärmend und anregend
Eukalyptus	Spitze	verschafft klaren Kopf
Fenchel	Mitte	karminativ (lindert Blähungen und Magenschmerzen)
Fichtennadel	Mitte-Basis	erfrischend und entspannend
Geranie	Mitte	erfrischend und entspannend
Ingwer	Basis	wärmend und verdauungsfördernd
Jasmin	Basis	entspannend und besänftigend
Kajeput	Spitze	antiseptisch und wärmend
Kamille	Mitte	erfrischend und entspannend
Kampfer	Mitte	wärmend und anregend
Koriander	Spitze-Mitte	wärmend und anregend

Name	Note	allgemeine Wirkung
Kümmel	Spitze-Mitte	wärmend und anregend
Lavendel	Mitte	erfrischend, entspannend, allgemeine Heilwirkung
Majoran	Mitte	wärmend und stärkend
Melisse	Mitte	belebend und erfrischend
Muskateller-salbei	Spitze-Mitte	wärmend und entspannend (aphrodisisch)
Muskatnuß	Basis-Mitte	wärmend und verdauungsfördernd
Myrrhe	Basis	kühlend und tonisierend
Nelke	Basis-Mitte	antiseptisch und wärmend
Neroli (Orangenblüte)	Basis	sehr entspannend
Niauli	Spitze	antiseptisch und schmerzlindernd
Oregano	Basis	antiseptisch, beruhigend, wärmend
Patschuli	Basis	entspannend
Petitgrain	Spitze	erfrischend und entspannend
Pfefferminze	Mitte-Spitze	kühlend und erfrischend
Ringelblume (Tagetes)	Basis	fungizid (gegen Pilze)
Rose	Basis	entspannend und besänftigend
Rosmarin	Mitte	kräftigend und erfrischend
Salbei	Spitze	löst Stauungen im Blutkreislauf auf
Sandelholz	Basis	entspannend
Schwarzer Pfeffer	Mitte	anregend
Teebaum	Spitze	ausgezeichnetes Antiseptikum
Thymian	Spitze-Mitte	antiseptisch
Wacholder	Mitte	erfrischend, anregend und entspannend
Weihrauch	Basis	entspannend und verjüngend
Ylang-Ylang	Basis	entspannend
Ysop	Mitte	schleimlösend (Atemwege)
Zedernholz	Basis	beruhigend
Zimt	Basis-Mitte	antiseptisch und verdauungsfördernd
Zitrone	Spitze	erfrischend und anregend
Zitronengras	Spitze	tonisierend und erfrischend
Zypresse	Mitte-Basis	entspannend und erfrischend

Die Einteilung in Spitzen-, Mitte- und Basisnote ist ziemlich subjektiv. Diese Eigenschaft zu testen ist nur möglich, indem man einen Holzspan in Öl taucht und dann bei Zimmertemperatur liegenläßt.

bei **Spitzennoten** – hält sich das Aroma etwa 24 Stunden
bei **Mittelnoten** – hält sich das Aroma zwei oder drei Tage
bei **Basisnoten** – hält sich das Aroma über eine Woche

Diese „Lebensdauer" der Aromen von ätherischen Ölen ist für einen Parfümeur wesentlich wichtiger als für den Aromatherapeuten, für den es um das Eindringen in den Körper geht und nicht darum, wie lange ein Öl seinen Duft auf der Haut bewahrt.

Man sollte auch bedenken, daß sich die Lebensdauer der Aromen von ätherischen Ölen ändert, wenn man sie mit anderen Ölen mischt. Doch auch dies ist eher für die Parfümherstellung als für die Aromatherapie von Bedeutung.

SPITZENNOTEN

Alle diese Öle sind anregend und stimmungshebend.

(Im folgenden sind auch die englischen Namen der Öle angegeben, da die Essenzen auch im deutschsprachigen Raum vielfach unter ihren englischen Namen angeboten werden – Anm. d. Hrsg.)

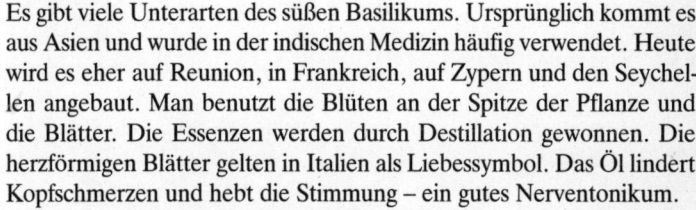

BASILIKUM (Basil)
Harmoniert gut mit:
  Bergamott
  Geranie
  Ysop
Es gibt viele Unterarten des süßen Basilikums. Ursprünglich kommt es aus Asien und wurde in der indischen Medizin häufig verwendet. Heute wird es eher auf Reunion, in Frankreich, auf Zypern und den Seychellen angebaut. Man benutzt die Blüten an der Spitze der Pflanze und die Blätter. Die Essenzen werden durch Destillation gewonnen. Die herzförmigen Blätter gelten in Italien als Liebessymbol. Das Öl lindert Kopfschmerzen und hebt die Stimmung – ein gutes Nerventonikum.

  Verdauung: Magenverstimmung, Erbrechen, Darminfektionen, Gastroenteritis
  Kopf: Ohrenschmerzen, Erkältungen, Neben- und Stirnhöhlenbeschwerden, Migräne
  Muskeln: Krämpfe
  Nerven: Angstzustände, Depression, Hysterie, Willensschwäche, Nervenschwäche, kräftigend
  Atemwege: Asthma, Bronchitis, Katarrh, Schluckauf
  Haut: matte oder verstopfte Haut, schreckt Insekten ab, lindert Wespenstiche (unverdünnt auftragen)

BERGAMOTT (Bergamot)
Harmoniert gut mit:
  Zypresse
  Jasmin
  Lavendel
  Neroli

127

Bergamott gehört zur Familie der Zitrusgewächse. Das Öl wird gewonnen, indem man die frische Schale der *Citrus bergamia*-Frucht ausdrückt, nachdem vorher schon der Saft ausgepreßt worden ist. Die wichtigste Erzeugergegend ist Süditalien. Der Baum wird etwa viereinhalb Meter groß, die Früchte werden von Dezember bis Februar geerntet. Die kleinen runden Früchte sind zunächst grün und werden dann gelb und die frisch gereifte Frucht gibt das beste Öl. 100 Kilogramm der Früchte ergeben ein halbes Kilogramm Öl, dessen Farbe zwischen gelblich und bräunlich-grün liegen sollte. Es wird vor allem in Kölnisch Wasser und Lavendelwasser verwendet. Bergamottöl wird oft und geschickt verfälscht. Es ist ein kraftvolles Antiseptikum und vorzüglich (das weiß ich aus persö nlicher Erfahrung) zur Behandlung von Herpes geeignet. Außerdem ist es als Badezusatz bei Juckreiz am Scheideneingang (pruritis vulvae) hilfreich. Die Blätter der Pflanze werden zur Herstellung von Earl Grey Tee verwendet.

Verdauung: Koliken, Blähungen, Gastroenteritis, Magenverstimmung

Ausscheidung: Blasenkatarrh, Infektionen der Harnwege

Kopf: Mundgeruch, wirkt desodorierend, wunde Kehle, Mandelentzündung

Nerven: Ängste, Depressionen

Atemwege: Bronchitis (besonders wirksam in Kombination mit Zitronenöl)

Haut: Akne, fettige Haut, Schuppen auf der Kopfhaut, Herpes, Schuppenflechte, Geschwüre, Wunden

Bemerkung: Auf der Haut behutsam und niemals unverdünnt anwenden, da es sonst zu Pigmentstörungen kommen kann. Bergamottöl erhöht die Lichtempfindlichkeit der Haut, deswegen wird es gern in Bräunungspräparaten verwendet.

EUKALYPTUS (Eucalyptus)

Harmoniert gut mit:

Benzoe

Lavendel

Fichte

Dieses Öl wird aus den frischen, hochergiebigen Blättern des Eukalyptusbaums gewonnen. Eigentlich gehört der Eukalyptus zu den höchsten Baumarten der Welt, doch wird er niedrig gehalten, damit die Äste zugänglich bleiben. Er wird in Australien, Tasmanien, Algerien und Frankreich angebaut. Es gibt etwa 200 Unterarten des Eukalyptus. Beliebt als Einreibemittel bei Erkältungen und Neben- und Stirnhöhlenkatarrh um leichter atmen zu können. Eukalyptus kühlt, senkt die Körpertemperatur und vertreibt Fieber.

Verdauung: Durchfall

Ausscheidung: Blasenkatarrh, Entzündungen der Harnwege

Kopf: Erkältungen, Kopfschmerzen wegen verstopfter Nebenhöhlen, Neben- und Stirnhöhlenbeschwerden, Halsentzündung

Muskeln: Muskelschmerzen, rheumatische Arthritis

Nerven: Neuralgien

Fettleibigkeit: Flüssigkeisstau

Atemwege: Asthma, Bronchitis, Katarrh, Husten

Haut: gutes Antiseptikum, Herpes, Geschwüre, Wunden

KAJEPUT (Cajuput/Cajeput)

Dieses Öl wird durch Dampfdestillation aus den Blättern und Knospen des Kajeputbaums gewonnen, der wild im Fernen Osten wächst.

Verdauung: Magenverstimmung, Gastroenteritis, Ruhr

Ausscheidung: Blasenkatarrh, Entzündungen der Harnröhre

Kopf: Ohrenentzündung

Menstruation: Schmerzen bei der Periode

Muskeln: Rheumatismus

Atemwege: Asthma, chronisch Bronchitis, Entzündungen des Kehlkopfs und der Rachenschleimhaut (Laryngitis bzw. Pharyngitis), Tuberkulose

Haut: Insektenstiche

KORIANDER (Coriander)

Koriander wird durch Dampfdestillation aus den Samen der Pflanze gewonnen.

Verdauung: Magenverstimmung, Blähungen, Darmträgkeit

Muskeln: Rheumatismus

KÜMMEL (Caraway)

Das ätherische Öl wird aus den Samen der Kümmelfrucht gewonnen, wobei die zerdrückte Frucht zusammen mit den Samen in Dampf destilliert wird. Eines der wenigen überwiegend in Europa hergestellten Öle. Die Pflanze ist mit der Familie der Fenchel- und der Dillgewächse verwandt.

Verdauung: Blähungen, Würmer
Muskeln: Arthritis
Nerven: Schwindelanfälle
Atemwege: Brust- und Rippenfellentzündung

MUSKATELLERSALBEI (Clary-Sage)

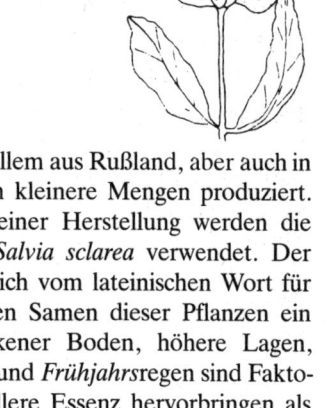

Harmoniert gut mit:
Zedernholz
Zitrusölen
Weihrauch
Geranie
Jasmin
Wacholder
Lavendel
Sandelholz

Muskatellersalbeiessenz kommt vor allem aus Rußland, aber auch in Marokko und Südfrankreich werden kleinere Mengen produziert. Das Öl ist ein gutes Fixativ, zu seiner Herstellung werden die Blütenstände und die Blätter der *Salvia sclarea* verwendet. Der englische Name „clary-sage" leitet sich vom lateinischen Wort für „klar" her, weil man früher aus den Samen dieser Pflanzen ein Augenwasser gewonnen hat. Trockener Boden, höhere Lagen, Schatten von Olivenbäumen, Sonne und *Frühjahrs*regen sind Faktoren, die eine wesentlich qualitätsvollere Essenz hervorbringen als das Öl aus niedrigeren Lagen, von feuchtem fruchtbaren Boden. Die Qualität hängt auch davon ab, ob und welcher Dünger verwendet wird, zu welcher Tageszeit gepfückt wird, wie trocken die Pflanze ist und ob die Samen schon vollständig ausgebildet sind. In Deutschland kennt man diese Pflanze unter dem Namen „Muskatellersalbei", denn sie wurde mit Holunderblüten bei der Erzeugung der deutschen Muskatellerweine verwendet. Die Italiener verwenden sie in verschiedenen Wermutsorten. Heutzutage ist sie ein unverzichtbarer Bestandteil der besten Lavendelwasser und Eau-de-Colognes.

Durchblutung: Hoher Blutdruck
Kopf: Halsschmerzen
Menstruation: unregelmäßige/schmerzhafte Periode
Nerven: nach Depressionen und nervösen Angstzuständen, bei Anspannung
Haut: entzündete oder alternde Haut

NIAULI (Niauli)

Dieses gelegentlich auch Gomenol genannte Öl wird aus den Blättern des Niaulibaums gewonnen. Es gehört zur Familie der *Melaleuca*, und im Herkunftsland benutzt man es wie hierzulande Lavendel, für bzw. gegen fast alles!

Verdauung: Magenverstimmung, Gastroenteritis
Ausscheidung: Infektionen der Harnwege
Kopf: Halsschmerzen, Neben- und Stirnhöhlenbeschwerden
Atemwege: Bronchitis
Haut: Insektenstiche, Geschwüre, Wunden

PETITGRAIN (Petitgrain)

Das beste Petitgrainöl wird aus den Blättern des Bitterorangenbaums (aus dessen Blüten man Neroli gewinnt) destilliert und kommt meistens aus Frankreich oder Nordafrika. Oft wird auch aus einer Mischung von Blättern und Zweigen ein Öl minderer Qualität hergestellt. Je besser die Qualität, desto näher kommt dieses Öl im Duft dem Neroliöl, obwohl es nie ganz an diese edle Essenz heranreichen kann. Petitgrain wird oft zur Parfümierung von Hautcremes verwendet.

Nerven: entspannend, wenn ein Öl guter Qualität benutzt wird
Haut: Akne, Ödeme

SALBEI (Sage)

Harmoniert gut mit:
Bergamott
Ysop
Zitrone
Lavendel
Rosmarin

Wird aus den zuvor in der Sonne getrockneten Blättern destilliert; es ist vergleichsweise teuer, da die Herstellung sehr arbeitsintensiv ist. Dieses Kraut wächst in allen Ländern des nördlichen Mittelmeerraumes. Das gelbe Öl hat einen kampferartigen Geruch; manchmal wird es zur Verfälschung von Rosmarin und zur Verlängerung von Lavendelöl verwendet. Salbeitee, vier Wochen vor der Geburt regelmäßig getrunken, erleichtert die Schmerzen bei den Wehen.

Ausscheidung: harntreibend

Muskeln: alle rheumatischen Beschwerden, Gelenkschmerzen

Nerven: gutes Nerventonikum

Übergewicht: Flüssigkeitsstau, Verstopfung

Haut: schlaffe oder mangelhaft durchblutete Haut, Geschwüre, Wunden, wirkt tonisierend

TEEBAUM (Tea tree)

Dieses Öl wird nur in Australien hergestellt. Man gewinnt es dort durch Dampfdestillation aus den Blättern (und den kleinen Zweigen) des Teebaumes, dessen Namen man nicht mit dem „Tee", den wir hierzulande trinken, verwechseln sollte. Er stammt angeblich aus der Zeit, als Captain Cook in Australien landete. Seit Tagen hatten seine Männer keinen Tee mehr getrunken, also bereiteten sie sich „Tee" aus den Blättern eines Baumes, den sie „Teebaum" nannten, obwohl der Geschmack völlig anders war als der des indischen und chinesischen Tees.

Verdauung: Magenverstimmung, Gastroenteritis

Kopf: Erkältung, Halsschmerzen, als Mundwasser verwendbar

Atemwege: Bronchitis

Haut: Candida, infizierte Wunden, Insektenstiche

ZITRONE (Lemon)

Harmoniert gut mit:

Lavendel

Neroli

Wie das Bergamottöl wird auch dieses Öl aus der Schale der Frucht gewonnen. Die Araber brachten die Zitrone nach Europa, in Kalifornien wurde der erste Zitronenbaum 1887 gepflanzt. Die Bäume werden dreieinhalb bis viereinhalb Meter hoch und tragen große

Mengen an Früchten. Der Hauptsitz der Zitronenölindustrie ist in Sizilien, die modernsten Herstellungstechniken aber findet man in Kalifornien, Florida und Zypern. In Italien schneiden Kinder die Früchte in der Mitte durch, dann kratzen Frauen das Fruchtfleisch heraus und die Schalen werden einige Minuten lang in kaltes Wasser gelegt. Am nächsten Tag pressen Männer das Öl aus den Schalen in Schwämme. Wenn sich das Öl aus den Schwämmen gesetzt hat, wird es umgefüllt und gefiltert. Manchmal werden auch mechanische Methoden angewandt, aber das handgepreßte Öl ist von besserer Qualität.

Kreislauf: Blutarmut, Frostbeulen, schlechte Durchblutung, Krampfadern, hoher Blutdruck

Verdauung: Diabetes, Brechreiz

Ausscheidung: Nieren

Kopf: Bindehautentzündung, Kehlkopfentzündung (Laryngitis), Mundgeschwüre

Muskeln: Arthritis, Rheumatismus

Übergewicht: Stauungen im Gewebe

Atemwege: Asthma, Katarrh, Erkältungen, Grippe

Haut: Furunkeln, geplatzte Kapillargefäße, fettige Haut, Herpes, Insektenstiche, Mundgeschwüre, Falten

ZITRONENGRAS (Lemongrass)

Harmoniert gut mit:

Geranie

Jasmin

Lavendel

Dieses Öl wird durch Destillation aus zwei Gräsern (*Cymbopogon citratus* und *Cymbopogon flexuosus*) gewonnen, die auf Madras, den Westindischen Inseln und in Malaysia wild und kultiviert wachsen. Von Juli bis Januar wird das Öl destilliert; um 20 ml Öl zu erhalten, braucht man etwa 350 Kilogramm Gras. Es wird in sehr großem Maßstab hergestellt – über 2000 Tonnen jährlich werden destilliert. Das Öl hat die Farbe trockenen Sherrys und einen ziemlich starken zitronenartigen Geruch.

Verdauung: Dickdarmkatarrh (Kolitis), Magenverstimmung, Gastroenteritis

Muskeln: schlechter Muskeltonus, schlaffes Gewebe
Haut: Akne und offene Poren, wirkt kräftigend

MITTELNOTEN

Diese wirken auf die meisten Körperfunktionen und den allgemeinen Stoffwechsel.

ANIS (Aniseed)
Dieses Öl wird durch Destillation aus den Samen der Pflanze gewonnen. Man benutzt es in verdauungsfördernden Medikamenten. Es wird in vielen Ländern hergestellt, wurde aber zuerst im Mittleren Osten angewendet.

Verdauung: Blähungen, nervöse Magenverstimmungen
Kopf: Migräne
Menstruation: Schmerzen bei der Periode
Atemwege: Asthma, Husten, Atemnot

BOHNENKRAUT (Savory)
Das Öl wird aus den Blättern und den Blütenständen der Pflanze destilliert. Es ist sehr aromatisch und war in früheren Zeiten für seine kulinarischen Qualitäten bekannt, so wie es heute noch das Winterbohnenkraut ist.

Verdauung: Durchfall, Darmträgheit, Würmer
Kopf: Ohrenschmerzen, Halsschmerzen
Nerven: geistige Erschöpfung
Atemwege: Asthma, Bronchitis

(SÜSSER) FENCHEL (Fennel)
Harmoniert gut mit:
Geranie
Lavendel
Rose
Sandelholz

Aus den zerquetschten Samen wird sowohl ein süßes als auch ein bitteres Fenchelöl hergestellt. Überall auf der Welt wird Fenchel angebaut: am Mittelmeer, in Indien, Asien, Amerika und Europa. Er hat ein angenehm süßes Aroma, das an Anis erinnert, und wird traditionell in der Küche verwendet. Wegen seiner Wirkung auf die Hormonproduktion und seiner harntreibenden Qualitäten ist das Öl unverzichtbar bei der Behandlung von Übergewicht. Auch seine wohltuende Wirkung bei Verdauungsproblemen ist bekannt – Medikamente gegen Bauchschmerzen von Babies enthalten z. B. Fenchel.

Verdauung: Koliken, Dickdarmkatarrh (Kolitis), Verstopfung, Blähungen, Lebensmittelvergiftung, Schluckauf, Übelkeit, Brechreiz

Ausscheidung: harntreibend, Nierensteine

Kopf: Sehschwäche

Menstruation: Unregelmäßigkeiten bei der Menopause

Übergewicht: Zellulitis, Flüssigkeitsstau

FICHTE (Pine needle)

Harmoniert gut mit:
Zedernholz
Rosmarin
Salbei

Wird aus den Nadeln und Zapfen bestimmter Koniferenarten destilliert. Gute Öle kommen aus dem Nordosten Rußlands und aus Tirol. Fichte wird häufig in Seifen und Badezusätzen und wegen seiner antiseptischen Eigenschaften auch in Putzmitteln u. ä. verwendet.

Verdauung: Gallensteine

Ausscheidung: Blasenkatarrh, Nierenbeschwerden

Kopf: Neben- und Stirnhöhlenbeschwerden

Nerven: allgemeine Nervenschwäche

Atemwege: alle Infektionen der Atemwege, Asthma, Bronchitis, Grippe

GERANIE (Geranium)

Harmoniert gut mit fast allen Ölen, besonders aber mit:
Basilikum
Zitrusölen
Rose

Dieses Öl ist leicht zu verfälschen. Reunion (vormals Île de Bourbon)

135

stellt am meisten Öl her. Hier wird es aus den grünen Teilen, besonders den Blättern der *Pelargonium*-Pflanze destilliert. Auch in Frankreich, Afrika, Spanien, Italien und Korsika ist der Anbau in frostfreien Gebieten weit verbreitet.

Verdauung: Durchfall, Gastroenteritis

꙾ Ausscheidung: leicht harntreibend, gegen Steine, Störungen im Urogenitalbereich

Kopf: Infektionen in Mund und Rachen

Menstruation: Blutungen bei der Menopause, Leukorrhoe, Sterilität

Nerven: Ängste, Depression, Neuralgien

Übergewicht: Kongestion, Flüssigkeitsstau

Haut: gutes Reinigungsmittel, wirkt tonisierend, Dermatitis, trockene Ekzeme, entzündete oder fettige Haut, schlaffe Haut, Geschwüre, Wunden

KAMILLE (Camomile)

Harmoniert gut mit:

Geranie

Lavendel

Patschuli

Rose

Römische Kamille wird aus den getrockneten Blüten von *Anthemis nobilis* destilliert. Wird gern wegen seines Gehalts an Azulen benutzt, das in der Blume zwar nicht vorhanden ist, sich jedoch bei der Destillation der Essenz bildet. Kamillenöl verfärbt sich bei Kontakt mit Licht und Luft von Blau zu Bräunlich-gelb. Die in Belgien produzierte römische Kamille ist von einem hellen, blaugrüngelblichen Braun. In England ist Long Melford das Zentrum der Kamillenölherstellung. Deutsche Kamille (aus Deutschland, Ungarn und Rußland) ist tiefblau, wird aus *Matricaria chamimilla* destilliert und enthält mehr Azulen. Marokkanische Kamille wird aus wildwachsender *Ormenis mixta* gewonnen. Kamille hilft bei den meisten Beschwerden und ist kaum toxisch, deswegen kann sie gut in der Behandlung von Kindern eingesetzt werden. Sie wird auch in Shampoos verwendet, um blondes Haar aufzuhellen.

Verdauung: Durchfall, Blähungen, Gastritis, Magenverstimmung (besonders bei Kindern), Leberbeschwerden, Appetitlosigkeit, Ulcus pepticum, Magengeschwüre

Kopf: Bindehautentzündung, Ohrenschmerzen, Schmerzen beim Zähnen, Zahnschmerzen

Menstruation: starke Blutungen, unregelmäßige Periode, Reizbarkeit, Menopause, Schmerzen bei der Periode

Muskeln: alle Arten von Muskelschmerzen – auch nach sportlicher Betätigung, Arthritis, Rheumatismus

Nerven: Ängste, Depression, Hysterie, Schlaflosigkeit, Reizbarkeit, Neuralgien, Wutanfälle bei Kindern, gutes Nerventonikum

Haut: Akne, antiallergisch, antiseptisch, geplatzte Äderchen, Verbrennungen, Dermatitis, trockene Haut, Überempfindlichkeit, Entzündungen, Reizungen, Wunden

KAMPFER (Camphor)

Harmoniert gut mit:

Weihrauch

Kampfer ist eine feste Masse, die mit dem ätherischen Öl im Holz des Kampferbaumes (*Cinnamomum camphora*) enthalten ist, der in China und Japan verbreitet ist und in Kalifornien und Sri Lanka angebaut wird. Kampfer wird vorwiegend zur Produktion von Zelluloid verwendet.

Verdauung: Verstopfung, Blähungen, Gastroenteritis

Ausscheidung: harntreibend

Nerven: Depression, allgemeine Nervenschwäche, Schlaflosigkeit, Schockzustände

Atemwege: in Kombination mit anderen Ölen gut zum Inhalieren geeignet

Haut: Akne, blaue Flecken, Verbrennungen, fettige Haut, rheumatische Entzündungen, Geschwüre, Wunden

LAVENDEL (Lavender)

Harmoniert gut mit den meisten Ölen, besonders aber mit:

Zitrusölen

Muskatellersalbei

Patschuli

Fichte

Rosmarin

Dieses Öl ist das gebräuchlichste und vielseitigste aller ätherischen

Öle. Es wird aus *Lavandula vera* destilliert, die an den Berghängen rings ums Mittelmeer heimisch ist. In Frankreich wird das Öl aus wilden Pflanzen gewonnen, in England und Tasmanien aus Kulturpflanzen. Die Öldrüsen liegen zwischen den winzigen sternförmigen Haaren, die Blüten, Blätter und Stengel bedecken, und der Duft ist relativ kurzlebig. Früher wurde dieses Öl sehr häufig verfälscht, heute aber benutzt man für Seifen, Haushaltsartikel und billigere Parfüms Lavandinöl und gestrecktes Lavendelöl. Das echte Lavendelöl bleibt therapeutischen Zwecken und teureren Parfüms vorbehalten. Wie Kamille ist Lavendel ein sehr nützliches Öl, besonders wenn den Symptomen nervliche oder psychische Probleme zugrunde liegen. Im allgemeinen wirkt es am besten in Verbindung mit einem anderen Öl.

Kreislauf: senkt Bluthochdruck, gegen Lymphstauungen

Verdauung: Koliken, Blähungen, Gastroenteritis, Magenverstimmung, Übelkeit

Ausscheidung: Blasenkatarrh

Kopf: Mundgeruch, Bindehautentzündung, Ohrenschmerzen, Kopfschmerzen, Migräne, Infektionen des Nasenrachenraums

Menstruation: unregelmäßige Periode, Leukorrhoe, zu schwache Blutungen

Muskeln: Muskelschmerzen, Rheumatismus, Verstauchungen

Nerven: Ängste, Depression, allgemeine Nervenschwäche, Reizbarkeit, Herzklopfen

Übergewicht: Zellulitis, Flüssigkeitsstau

Atemwege: alle Arten von Katarrh, Grippe

Haut: alle Arten von Akne, auch Acne rosacea, Glatzenbildung, Insektenstiche, Furunkel, Verbrennungen, Dermatitis, Ekzeme, Entzündungen, Schuppenflechte, Sonnenbrand, wirkt verjüngend

MAJORAN (Marjoram)

Harmoniert gut mit:
Bergamott
Lavendel
Rosmarin

Wird aus den blühenden Spitzen des süßen Majorans *(Origanum majorana)* destilliert. Die Pflanze wächst in Spanien, Südfrankreich und Tunesien. Schon in alten Zeiten bauten die Ägypter sie an und benutzten sie zu Heilzwecken. Das Öl ist farblos und hat einen lange haftenden Geruch. Ein guter Tröster bei schlechter Laune.

Kreislauf: senkt Bluthochdruck

Verdauung: Verstopfung, lindert Darmkrämpfe

Kopf: Erkältungen im Kopfbereich, Kopfschmerzen, Migräne

Menstruation: Leukorrhoe, Schmerzen bei der Periode

Muskeln: alle Arten von Muskelschmerzen, Prellungen, Neuralgien, Krämpfe, Verstauchungen, Zerrungen

Nerven: Ängste, wirkt beruhigend, allgemeine Nervenschwäche,
Schlaflosigkeit, Reizbarkeit

Atemwege: Asthma, Katarrh

MELISSE (Melissa)

Harmoniert gut mit:

Geranie

Lavendel

Neroli

Ylang-Ylang

In Südeuropa heißt diese Pflanze „Herzensfreude", und man nennt sie auch oft „Lebenselixier". Seit dem 17. Jahrhundert verwendet man sie zu medizinischen Zwecken. Melisse ist ein sehr aufmuntern-des Öl, ein gutes allgemeines Tonikum. Dieses Öl ist auch als Balsamöl bekannt und wird durch Destillation aus den Blättern und den Spitzen der *Melissa officinalis* gewonnen, die in den Mittelmeer-ländern heimisch ist, aber auch in den USA angebaut wird.

Verdauung: Blähungen, Magenverstimmung, Übelkeit

Kopf: Kopfschmerzen, Migräne, Fieber

Menstruation: unregelmäßige und schmerzhafte Periode, Sterilität

Nerven: Hysterie, senkt hohen Blutdruck, Schockzustände, Anspannung, wirkt tonisierend

Haut: Bienen- und Wespenstiche

PFEFFERMINZE (Peppermint)
Harmoniert gut mit:
  Benzoe
  Rosmarin
Das Öl wird aus den Blättern und den blühenden Spitzen der *Mentha piperita* destilliert, die in Europa, den USA und Japan angebaut wird. Das englische Öl gilt als das beste. Es wird sehr häufig in der Herstellung von Süßwaren und Toilettenartikeln verwendet und hat gleichzeitig vorzügliche Heileigenschaften. Ich empfehle die innere Anwendung statt Aspirin – das ist viel gesünder für den Magen.

Verdauung: Durchfall, Blähungen, Gallensteine, Magenverstimmung, Bauchschmerzen, Reisekrankheit

Kopf: Mundgeruch, Erkältungen, Kopfschmerzen, Migräne (wenn sie ihren Grund in Verdauungsbeschwerden hat), Neben- und Stirnhöhlenbeschwerden

Menstruation: unregelmäßige und schmerzhafte Periode, zu schwache Blutungen

Nerven: allgemeine Nervenschwäche, Neuralgien, Schockzustände

Atemwege: Bronchitis, Katarrh, Husten, Grippe

Haut: Entzündung, schreckt Insekten ab, Hautreizungen, toxische Blutstauungen (Kongestion)

ROSMARIN (Rosemary)
Harmoniert gut mit:
  Basilikum
  Zedernholz
  Zitrusölen
  Weihrauch
  Lavendel
  Pfefferminze
Wird aus den blühenden Spitzen und den Blättern des *Rósmarinus officinalis* destilliert und wächst an den Mittelmeerküsten, vor allem aber in Südfrankreich, Spanien und auf den Dalmatinischen Inseln. Im Volksmund heißt es, daß da, wo Rosmarin gedeiht, die Frau der „Herr im Hause" ist. Das meiste Öl wird in Spanien hergestellt, die Qualität schwankt hier allerdings zwischen sehr gut und sehr schlecht. Eine beständig gute Qualität kommt aus Tunesien. Man

140

kann Rosmarin mit Terpentin, Salbei und anderen Verlängerungsölen verfälschen. Das reine Öl wird in Kölnisch Wasser verwendet. Schon seit Jahrhunderten wird Rosmarinöl therapeutisch genutzt.

Kreislauf: Lymphstauungen

Verdauung: Dickdarmkatarrh, Verstopfung, Durchfall, Blähungen, Gallensteine, Gastroenteritis, Bauchschmerzen

Ausscheidung: harntreibend

Kopf: Kopfschmerzen, geistige Erschöpfung, Migräne, stärkt das Erinnerungsvermögen

Menstruation: Ausbleiben der Periode, Leukorrhoe

Muskeln: Muskelschmerzen, Arthritis, Rheumatismus

Nerven: allgemeine Nervenschwäche, Ausfall von Nervenfunktionen wie zum Beispiel Epilepsie, Lähmungen, seelische Belastungen

Übergewicht: Flüssigkeitsstau

Atemwege: Asthma, chronische Bronchitis, Husten, Grippe

Haut: Glatzenbildung, Schuppen, Kopfhautstörungen, Wunden, wirkt reinigend und anregend

SCHWARZER PFEFFER (Black Pepper)

Harmoniert gut mit:

Weihrauch

Sandelholz

Die Pfefferpflanze ist ein Klettergewächs, das sich im Schatten der Bäume an den Stämmen hochrankt. Man pflückt die Ähren mit den unreifen Beeren und läßt sie dann in der Sonne trocknen, wobei die ursprünglich roten Beeren schwarz werden. Nur ein sehr kleiner Teil der Pfefferernte wird zu ätherischem Öl weiterverarbeitet. Das kommerzielle Zentrum für die Herstellung dieses Öls ist Singapur. In Nosy Bé (Madagaskar) und auf den Komoren wird das Öl an Ort und Stelle destilliert, dort wird oft eine gute Qualität erreicht. Das Öl ist gelbgrün und sehr scharf.

Kreislauf: anregend

Verdauung: Koliken, Verstopfung, Lebensmittelvergiftung, Magenverstimmung, Appetitlosigkeit

Ausscheidung: Schmerzen und Brennen beim Wasserlassen, harntreibend

Kopf: Erkältungen, durch Erkältungen verursachte Kopfschmerzen, Zahnweh
Muskeln: Muskelschmerzen, Spannungslosigkeit, schmerzlin-
dernd bei äußerer Anwendung
Atemwege: Katarrh, Husten

THYMIAN (Thyme)
Harmoniert gut mit:
Bergamott
Zitrone
Melisse
Rosmarin

Das Öl wird durch Dampfdestillation aus den Blütenständen gewonnen. Wie Lavendel hat auch Thymian viele therapeutische Eigenschaften, sowohl als Medizin, wie auch als Küchengewürz wird er
sehr viel verwendet. Thymian wirkt stark antiseptisch und schützt
vor Erkältungen und Grippe, außerdem ist er ein gutes Nerventonikum. Angeblich regt er bei Infektionskrankheiten die Produktion
von weißen Blutkörperchen an. Thymian- und Rosmarinöl im Tee
wirken vorzüglich bei Kopfschmerzen und nervlich bedingten Problemen.

Kreislauf: anregend, niedriger Blutdruck
Verdauung: Darmträgheit, Blähungen
Ausscheidung: harntreibend
Kopf: Erkältungen, Grippe, Neben- und Stirnhöhlenbeschwer-
den, Halsschmerzen, Mandelentzündung
Menstruation: unregelmäßige Periode, abnormes Ausklingen der
Periode, Leukorrhoe
Muskeln: Rheumatismus, Arthritis
Nerven: Schlaflosigkeit, Ängste, Nervenschwäche, Depression
Atemwege: Katarrh, Husten, Keuchhusten, Bronchitis, Lungen-
emphysem, Asthma
Haut: Furunkel, wunde Stellen, Haarausfall

WACHOLDER (Juniper)

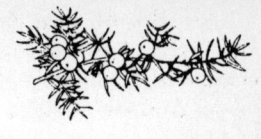

Harmoniert gut mit:
  Benzoe
  Zypresse
  Lavendel
  Sandelholz

Wacholderöl wird aus den getrockneten Früchten des Wacholderstrauchs destilliert, der in Europa und Kanada heimisch ist. Das Öl ist farblos oder schwach gelb, wird aber mit der Zeit und bei Luftkontakt dunkler und dickflüssiger. Wird zum Aromatisieren von Gin verwendet. Seit altersher bekannt für seine antiseptischen und harntreibenden Eigenschaften. Sehr nützlich bei seelischen Belastungen und Ängsten.

  Kreislauf: anregend
  Verdauung: Koliken, Blähungen, Magenverstimmung
  Ausscheidung: Blasenkatarrh, wirkt harntreibend, Hämorrhoiden, mangelnde Entwässerung
  Menstruation: Leukorrhoe, schmerzhafte Periode, zu schwache Blutungen
  Muskeln: rheumatische Schmerzen
  Nerven: Ängste, Schlaflosigkeit, Streß, wirkt beruhigend und tonisierend
  Haut: Akne, fettige Haut, Ekzeme, Dermatitis, Schuppen auf der Kopfhaut, wirkt tonisierend

YSOP (Hyssop)

Harmoniert gut mit
  Zitrusölen
  Muskatellersalbei
  Lavendel
  Rosmarin
  Salbei

Ysop ist für seine Heilwirkungen wohl bekannt und ein exzellentes Tonikum. Das Öl wird aus Kulturpflanzen in der Provence und in Deutschland gewonnen und oft in Kölnisch Wasser verwendet. Die Hebräer nannten diese Pflanze Ezob, der heutige Name dieser Pflanze ist aus Psalm 51,9 entlehnt: „Reinige mich mit Ysop, und ich werde rein sein." Besonders gut hilft Ysop bei Asthma und ähnlichen Beschwerden, im Grunde bei allen Störungen der Atemwege. Die Pflanze ist klein, mit dünnen Blättern und kleinen blauen Blüten, beides wird zur Destillation der Essenz verwendet. (Menschen, die zu epileptischen Anfällen neigen, sollten Ysop nur in homöopathischen Dosen nehmen.)

Kreislauf: normalisiert den Blutdruck, d.h. es senkt zu hohen und hebt zu niedrigen Blutdruck

Verdauung: Blähungen, Appetitlosigkeit, schwach abführend, Gastroenteritis

Ausscheidung: Nierensteine

Menstruation: Leukorrhoe, zu schwache Blutungen

Nerven: wirkt beruhigend, allgemeine Nervenschwäche

Atemwege: Asthma, Bronchitis, Katarrh, Husten, Heuschnupfen, Lungenemphysem

Haut: Blutergüsse, Ekzeme, Wunden

ZYPRESSE (Cypress)

Harmoniert gut mit:

Wacholder

Lavendel

Fichte

Sandelholz

Wird in Deutschland und Frankreich aus den Blättern, Blüten und manchmal auch den kleinen Zweigen des *Cupressus sempervirens* destilliert. Das Öl kann in der Wirkung mit Haselnuß und Roßkastanie verglichen werden. Man sagt sogar, es sei der Zaubernuß (*Hamamelis*) überlegen, die nach Stefan Actander keinen therapeutischen Wert besitzt! Das Öl ist leicht gelblich. In Spanien und Kenia wird Zypressenöl auch aus *Cupressus lusitanica* hergestellt. Dieses Öl wird ebenfalls zu Heilzwecken verwendet.

Krebs: Vorbeugung und Behandlung

Kreislauf: träge Durchblutung, Frostbeulen, Krampfadern

Verdauung: Durchfall

Ausscheidung: Hämorrhoiden

Kopf: Kehlkopfentzündung (Laryngitis), Nasenbluten

Menstruation: starke Blutungen bzw. Blutverlust, Menopause,

Beschwerden an den Eierstöcken, Schmerzen bei der Periode
Muskeln: Krämpfe
Nerven: Reizbarkeit, wirkt beruhigend
Atemwege: Asthma, Hustenkrämpfe
Haut: fettige Haut, geplatzte Kapillargefäße, gegen übermäßiges
Schwitzen, Krampfadern, wirkt tonisierend, alternde Haut

BASISNOTEN

Alle Basisnoten wirken sedativ
(beruhigend).

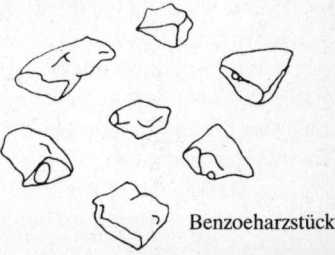

BENZOE (Benzoin)
Harmoniert gut mit:
  Rose
  Sandelholz   Benzoeharzstücke

Benzoe wird als Baumharz ausgeschieden, nachdem man die Rinde
abgelöst hat. Das Harz kann fest und braun oder auch spröde und
weiß sein, durch weitere Verarbeitung wird es flüssig. Benzoe stammt
von Bäumen, die in Thailand und Sumatra heimisch sind, und wird
als Bestandteil von Räucherwerk verwendet. Im englischen Volks-
mund heißt das Benzoeöl „friar's balsam" (d.i. „Mönchsbalsam").
  Kreislauf: anregend
  Ausscheidung: Blasenkatarrh, fördert die Ausscheidung
  Gelenke: rheumatische Arthritis, Gicht
  Nerven: emotionale Erschöpfung, Anspannung
  Atemwege: Asthma, Bronchitis, Husten, Grippe
  Haut: rissige und trockene Haut, Dermatitis, Hautreizungen,
    Wunden

ESTRAGON (Tarragon)
Ein weiteres abführendes Öl. Estragon wird aus den Blüten der
Pflanze destilliert.
  Verdauung: Appetitlosigkeit, Blähungen, Darmträgheit, Würmer
  Menstruation: Schmerzen bei der Periode

INGWER (Ginger)

Ingweröl wird aus den Wurzeln der Pflanze destilliert. In der Kräutermedizin wie in der Küche wird Ingwer überwiegend wegen seiner verdauungsfördernden Eigenschaften geschätzt.

Verdauung: Durchfall, Blähungen, Darmträgheit
Kopf: Halsschmerzen
Muskeln: Rheumatismus

JASMIN (Jasmine)

Harmoniert mit allen Ölen gut, besonders mit:
Zitrusölen

Wird durch Enfleurage oder durch Lösungsmittel aus den Blüten des *Jasminum grandiflorum* gewonnen. Das beste absolute Öl läßt sich durch das Lösungsmittel Äther gewinnen. Das ist dann zwar teuer, aber man benötigt auch *viel weniger*, um die gewünschte Wirkung zu erzielen. Deshalb ist es wirtschaftlich in der Anwendung und sollte benutzt werden, wenn es auf den Duft ankommt. Es beeinflußt stark das Nervensystem und ist bei Problemen mit psychischem oder psychosomatischem Ursprung nicht hoch genug zu schätzen.

Menstruation: Geburt, Schmerzen jeder Art, Beschwerden an der Gebärmutter
Nerven: Teilnahmslosigkeit, Depression, Antriebslosigkeit, Nervenschwäche, beruhigend und stimmungshebend
Atemwege: Atemschwierigkeiten, spastische Bronchitis, Katarrh, Husten, Heiserkeit
Haut: für alle Hauttypen heilsam, besonders aber bei trockener Haut, auch bei Reizungen, Überempfindlichkeit und Dermatitis (bei depressivem Gesamtzustand)

MUSKATNUSS (Nutmeg)

Die Samen des Muskatbaums werden destilliert und ergeben die Muskatnußessenz. Mit dem Samen hat es eine interessante Bewandtnis, denn früher wurde die „Mazis", der Samenmantel, der das Innere spitzenartig umhüllt, höher geschätzt als die Nuß, die man damals wegwarf.

Kopf: Mundgeruch
Verdauung: Durchfall, verdauungsfördernd

Muskeln: Rheumatismus
Nerven: Achtung – zu hohe Dosen können zu geistiger Verwirrung
   führen

MYRRHE (Myrrh)
Harmoniert gut mit:
   Kampfer
   Lavendel

Harz der Myrrhe

Myrrhe ist ein Gummiharz, das der Stamm der *Commiphora molmol* auf natürli-
che Weise absondert. Dann wird durch Destillation das ätherische Öl gewonnen.
Schon bei den Ägyptern fand die Myrrhe für verjüngende Gesichtsmasken
Verwendung, außerdem zum Einbalsamieren. Sie wird schon in sehr alten schrift-
lichen Zeugnissen erwähnt (etwa 1700 v. Chr.). Als Joseph von seinen Brüdern an
die ismaelitische Karawane verkauft wurde, brachten deren Kamele Gummi,
Balsam und Myrrhe nach Ägypten.
   Verdauung: Durchfall, Blähungen, Appetitlosigkeit
   Ausscheidung: Hämorrhoiden
   Kopf: Mundgeruch, Geschwüre im Mund, Eiterfluß, Mundsoor
   Atemwege: löst Verschleimungen u. ä., beruhigt die Atemwege
   Haut: kühlend, entzündungshemmend, verjüngend, bei Geschwüren und Wun-
      den

NELKE (Clove)
Nelkenöl wird aus den Knospen destilliert. Im 19. Jahrhundert war
dieses Gewürz so begehrt, daß Nelkenhändler die ersten Millionäre
Amerikas wurden. Am bekanntesten für den Anbau von Nelken ist
Sambia, aber auch in mehreren anderen Ländern werden sie kulti-
viert, darunter in Madagaskar und auf den karibischen Inseln.
   Verdauung: Durchfall, Magenverstimmmung, Würmer
   Kopf: Neben- und Stirnhöhlenberschwerden, Zahnschmerzen
   Nerven: Neuralgien
   Atemwege: Asthma, Bronchitis, Brustfellentzündung
   Haut: Masern, Lupus, Krätze

ORANGENBLÜTE (Neroli/Orange blossom)

Harmoniert gut mit den meisten Ölen, besonders aber mit:

Benzoe

Muskatellersalbei

Geranie

Lavendel

Das Öl der Orangenblüten wird oft „Neroli" genannt, vielleicht weil einmal die Frau eines berühmten Fürsten im italienischen Nerola damit ihr Badewasser und ihre Handschuhe parfümiert hat. Dieses Öl wird aus den frischen Blüten der Bitterorange (*Citrus aurantium*) destilliert (das Öl der süßen Orange – *Citrus sirensis* – ist von geringerem therapeutischen Wert). Dieses Luxusöl wird vorwiegend wegen seines Dufts benutzt und ist ein sehr wirksames Antidepressivum. Es wird überwiegend in Südfrankreich destilliert, und die blaßgelbe Essenz ist wesentlich für die Herstellung von Kölnisch Wasser guter Qualität, als Nebenprodukt entsteht beim Destillieren Orangenblütenwasser. Die besten Öle kommen aus Frankreich und Tunesien. Obwohl Neroli wie auch Jasminöl sehr teuer ist, hält sein Duft lange vor und es ist wirtschaftlich im Gebrauch.

Verdauung: chronischer Durchfall (wegen Streß), Blähungen

Nerven: Ängste, wirkt beruhigend, Depression, Angst, Hysterie, Schlaflosigkeit, Herzklopfen, Panik, Schockzustände

Haut: für alle Hauttypen geeignet, besonders für trockene Haut, gut bei geplatzten Äderchen und Reizungen, wirkt regenerierend

OREGANO (Origanum)

Diese Pflanze wird auch oft wilder Majoran genannt (*Origanum vulgare*). Bei der Destillation werden die blühenden Spitzen und die Blätter verwendet.

Verdauung: Appetitlosigkeit, Darmträgheit

Menstruation: zu schwache Blutungen

Muskeln: Rheumatismus

Atemwege: Asthma, Bronchitis, Husten

Haut: Zellulitis, Läuse

PATSCHULI (Patchouli)

Harmoniert gut mit:

   Bergamott
   Geranie
   Lavendel
   Myrrhe
   Neroli
   Fichte
   Rose

Die jungen Blätter der Pflanze werden geschnitten, wann immer fünf auf einmal an einem Stengel wachsen, dann getrocknet und schließlich dampfdestilliert. In den älteren Blättern ist kein Öl mehr vorhanden. Interessanterweise wirken kleine Dosen stimmungshebend, während größere eher beruhigen. Wahrscheinlich stammt diese Pflanze von den Philippinen, heute aber kommen die größten Mengen aus Indonesien und werden vorwiegend in Singapur destilliert.

   Übergewicht: mangelnde Entwässerung
   Nerven: Ängste, Depression
   Haut: heilt rissige Haut, trocknet nässende wunde Stellen und
      Wunden

RINGELBLUME (Marigold)

Harmoniert gut mit:

   Zitrone
   Lavendel

Tagetes wird im Süden Frankreichs und in Nigeria destilliert. Das Öl hat eine bräunlichorangene Farbe und sollte nicht innerlich eingenommen werden. Obwohl dieses Öl angeblich Hautreizungen hervorruft, ist es jedoch in der richtigen Verdünnung äußerst nützlich bei der Behandlung von Fußpilz und Pilzbefall an den Nägeln. Auch zur Behandlung von Schuppenflechte wird es verwendet.

   Haut: Fußpilz, Pilzinfektionen der Nägel, Schuppenflechte
Bemerkung: Die Bezeichnung Ringelblumenöl gibt es sowohl für die Tagetesessenz als auch für Kalendulaöl, letzteres ist jedoch kein reines ätherisches Öl.

ROSE (Rose)

Harmoniert gut mit:

Bergamott
Muskatellersalbei
Geranie
Jasmin
Patschuli
Sandelholz
und vielen anderen

Diese Essenz wird mit Hilfe flüchtiger Lösungsmittel aus den Blüten der *Rosa centifolia* gewonnen. Das bulgarische „Rose Otto"-Öl, das aus der *Rosa damascena* destilliert wird, ist das beste Öl, doch ist Marokko der größte Hersteller. Aus Frankreich kommt nur wenig Rosenöl, dort ist es eher ein Nebenprodukt aus der Gewinnung von Rosenwasser, bei der das Rosenöl oben schwimmt. Von den drei herrlich duftenden Ölen bietet Rosenöl die meisten Anwendungsmöglichkeiten. Wie Jasmin und Neroli ist es zwar teuer, aber sparsam im Gebrauch. Man sollte es verwenden, wenn es auf den Duft ankommt. Unter den ätherischen Ölen ist es das am wenigsten toxische, deshalb kann man auch Kinder damit behandeln.

Kreislauf: schlechte Durchblutung

Verdauung: Verstopfung, Leberbeschwerden, (streßbedingter) ulcus pepticum, Übelkeit, Brechreiz, schwacher Magen

Kopf: Bindehautentzündung, Ohrenschmerzen, Kopfschmerzen

Menstruation: Verunreinigungen in der Gebärmutter, unregelmäßige Periode, Leukorrhoe, Sterilität

Nerven: Depression, Schlaflosigkeit, nervöse Anspannung, Streß

Haut: gutes Antiseptikum, für alle Hauttypen geeignet, besonders aber für trockene, entzündete, alternde und empfindliche Haut

SANDELHOLZ (Sandalwood)

Harmoniert gut mit:

Benzoe
schwarzem Pfeffer
Zypresse
Weihrauch
Neroli
Ylang- Ylang

Kernholz des Sandelholzbaumes

Das beste Öl kommt aus Mysore in Ostindien. Die immergrünen Bäume werden erst gefällt, wenn sie voll ausgereift sind und die ersten Zeichen des Absterbens zeigen. Das Öl findet sich im Kernholz in der Mitte des Stammes und in den Wurzeln, nicht jedoch in der Rinde. Das Kernholz braucht 30 Jahre, um einen Durchmesser von sieben Zentimetern zu erreichen. Das Öl wird durch Dampfdestillation gewonnen. Die besten Bäume werden zur Möbelherstellung verwendet.

Verdauung: Koliken, Durchfall, Gastritis, Schluckauf, Übelkeit, Brechreiz

Nerven: Depression, Anspannung

Atemwege: Katarrh, Husten, Schluckauf, Kehlkopfentzündung (Laryngitis), Halsschmerzen

Haut: trockene und entzündete Haut, Hautreizungen

WEIHRAUCH (Frankincense)

Harmoniert gut mit:
Basilikum
schwarzem Pfeffer
Kampfer
Zitrusölen
Geranie
Lavendel
Fichte
Sandelholz

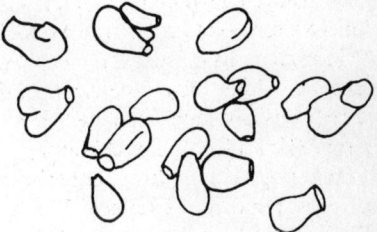

Weihrauch-„Tränen"

Weihrauch ist ein weißliches Gummiharz, das zur Herstellung ätherischer Öle aufgelöst und destilliert werden muß. Die Bäume wachsen in Ostafrika, ihr duftendes Harz dringt durch die Rinde. Die Ägypter verwendeten Weihrauch zur Herstellung von verjüngenden Gesichtsmasken. Zusammen mit Myrrhe war dieses Harz zuerst Bestandteil von Räucherwerk und wird vorwiegend im Iran und im Libanon hergestellt. Weihrauch war einst sehr wertvoll, deshalb bot man ihn dem Christuskind dar.

Ausscheidung: Blasenkatarrh, Hämorrhoiden

Nerven: Ängste, Anspannung

Atemwege: Katarrh und Verschleimung jeder Art

Haut: entzündete und erschlaffte Haut, Geschwüre, Wunden, wirkt verjüngend

YLANG-YLANG (Ylang-Ylang)
Harmoniert mit den meisten Ölen gut, besonders aber mit:
Jasmin
Sandelholz
Der Name bedeutet „Blume der Blumen". Das Öl wird aus den Blüten der *Cananga odorata* destilliert. Die besten Pflanzen wachsen auf den Philippinen und auf Reunion. In Manila blüht der Baum das ganze Jahr hindurch, die besten Blüten zur Ölherstellung aber pfückt man im Mai und Juni, und zwar ganz früh am Morgen. Ylang-Ylang wird häufig bei der Herstellung von guten Parfüms verwendet, man nennt es auch den Jasmin der Armen. Es gibt viele unterschiedliche Qualitäten auf dem Markt, darunter ist das Öl aus Java in jedem Fall von minderer Qualität – wahrscheinlich wegen Klima- und Bodenbeschaffenheit. Trockener Boden in hohen Lagen, Schatten der Olivenbäume und *Frühjahrs*regen, das alles zusammen ergibt ein viel besseres Öl als das aus niedrigen Anbaulagen und fruchtbaren Böden.
Kreislauf: Bluthochdruck
Verdauung: Gastroenteritis
Nerven: Depression, Schlaflosigkeit, Anspannung
Haut: fettige Haut

ZEDERNHOLZ (Cedarwood)

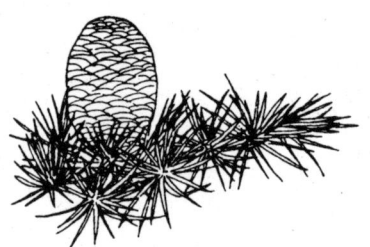

Harmoniert gut mit:
Bergamott
Zypresse
Jasmin
Wacholder
Neroli
Rosmarin
Dies ist eins der ältesten ätherischen Öle, es wurde zum Einbalsamieren von Mumien verwendet. Es wird durch Dampfdestillation aus dem Holz der nordafrikanischen *Cedrus atlantica* gewonnen. Die Eingeborenen haben dieses Öl seit jeher zu medizinischen Zwecken verwendet.
Ausscheidung: Blasenkatarrh, Schwierigkeiten oder Schmerzen beim Wasserlassen
Nerven: chronische Angstzustände

Haut: Akne, fettige Haut, Glatzenbildung, Schuppen, Seborrhoe der Kopfhaut, Hautreizungen, schreckt Insekten ab
Atemwege: Bronchitis, Katarrh, Husten

ZIMT (Cinnamon)

Dieses Öl hat eine stärkere antiseptische Wirkung als allgemein angenommen. Es wird aus den Blättern und der Rinde des Baumes dampfdestilliert. Das beste Öl kommt aus Sri Lanka.

Verdauung: Koliken, Blähungen, Würmer
Atemwege: Husten
Haut: Läuse, Krätze, wirkt tonisierend

12.

Therapeutischer Index

Problem	Spitzennoten	Mittelnoten	Basisnoten
Atemwege			
Asthma	Basilikum, Kajeput, Salbei, Thymian Zitrone	Anis, Bohnenkraut, Fichte, Lavendel, Majoran, Melisse, Pfefferminze, Rosmarin, Ysop	Benzoe, Nelke, Oregano
Bronchitis	Basilikum, Bergamott, Kajeput, (bei chronischer Bronchitis Eukalyptus), Niauli, Salbei, Teebaum, Zitrone	Anis, Bohnenkraut, Lavendel, Melisse, Pfefferminze, Fichte, Rosmarin, Ysop	Benzoe, Nelke, Oregano, Sandelholz
Grippe	Eukalyptus, Salbei, Thymian, Zitrone	Fichte, Kamille, Kampfer, Lavendel, Pfefferminze, Rosmarin, Ysop, Zypresse Fenchel Ysop	Benzoe, Sandelholz
Grippevorbeugung			
Heuschnupfen			
Husten	Eukalyptus, Thymian	Anis, Kampfer, Lavendel, Rosmarin, Schwarzer Pfeffer, Ysop, Zypresse	Benzoe, Jasmin, Myrrhe, Oregano, Zedernholz, Zimt
Katarrh	Basilikum, Eukalyptus, Thymian, Zitrone Kajeput	Lavendel, Majoran, Pfefferminze, Schwarzer Pfeffer, Ysop	Jasmin, Myrrhe, Sandelholz Weihrauch, Zedernholz Sandelholz
Laryngitis (Kehlkopfentzündung)			
Lungenemphysem	Basilikum, Eukalyptus, Thymian	Ysop, Zypresse	Jasmin
Schluckauf	Basilikum	Fenchel	

154

Problem	Spitzennoten	Mittelnoten	Basisnoten
Ausscheidung			
Blasenkatarrh	Bergamott, Eukalyptus, Kajeput, Niauli	Fenchel, Fichte, Lavendel, Schwarzer Pfeffer, Wacholder	Benzoe, Sandelholz, Weihrauch
Harntreibende Öle	Salbei	Fenchel, Kampfer, Rosmarin, Wacholder, Ysop, Zypresse	Sandelholz
Flüssigkeitsstau	Eukalyptus, Salbei	Fenchel, Geranie, Lavendel, Rosmarin, Wacholder, Zypresse	Patschuli
Nieren (allgemein)	Eukalyptus, Niauli, Zitrone, (bei Infektionen: Salbei, Thymian)	Fenchel, Fichte, Geranie, Lavendel, Wacholder	Sandelholz, Zedernholz
Steine	Zitrone	Fenchel, Geranie, Wacholder, Ysop	
Haut			
Akne	Petitgrain, Zitronengras	Kamille, Kampfer, Lavendel, Wacholder	Zedernholz
Allergieanfällige und empfindliche Haut		Kamille	Jasmin, Neroli, Rose
Alternde Haut	Muskatellersalbei	Lavendel, Zypresse	Benzoe, Myrrhe, Neroli, Patschuli, Rose, Weihrauch
Bisse von Tieren	Salbei	Lavendel	
Blaue Flecken	Salbei	Fenchel, Kampfer, Majoran, Ysop	
Blutstau/Blutandrang	Basilikum, Salbei, Zitrone	Geranie, Pfefferminze, Rosmarin	Benzoe
Dermatitis	Salbei	Geranie, Kamille, Lavendel, Wacholder, Ysop	
Ekzem (allgemein)		Kamille, Ysop	
(trocken)	Salbei	Geranie, Lavendel	
(nässend)		Wacholder	
Entzündete Haut	Bergamott, Muskatellersalbei	Geranie, Kamille, Kampfer, Lavendel, Pfefferminze	Myrrhe, Rose, Sandelholz, Weihrauch

Problem	Spitzennoten	Mittelnoten	Basisnoten
Fettige Haut (offene Poren)	Bergamott, Zitrone	Geranie, Kampfer, Lavendel, Wacholder, Zypresse	Ylang-Ylang, Zedernholz
Furunkel	Thymian, Zitrone	Kamille, Lavendel	Myrrhe
Geplatzte Äderchen	Zitrone	Kamille, Lavendel, Pfefferminze, Zypresse	Neroli, Rose
Geschwüre	Niauli	Lavendel, Wacholder	Jasmin, Neroli, Sandelholz, Zedernholz
Hautreizungen		Pfefferminze (weniger als 1%, d. h. 5 Tropfen auf 50 ml)	Zedernholz
Herpes	Bergamott, Eukalyptus, Zitrone Basilikum, Eukalyptus	Geranie, Lavendel	
Insektenabschreckend	Basilikum, Kajeput, Niauli, Salbei, Teebaum, Thymian, Zitrone	Geranie, Pfefferminze	
Insektenbisse und -stiche		Lavendel, Melisse	
Lupus	Salbei, Teebaum, Zitrone		Nelke
Mundgeschwüre und Soor (Candida)	Petitgrain	Geranie	Myrrhe
Ödeme		Geranie, Wacholder	
Rissige und aufgesprungene Haut	Bergamott	Kamille, Geranie	Benzoe, Patschuli, Rose, Sandelholz
Schuppenflechte		Lavendel	
Sonnenbrand		Lavendel	
Tonikum (adstringierend) trockene Haut			Zimt
Überempfindlichkeit	Eukalyptus, Salbei	Geranie, Kamille, Lavendel	Jasmin, Neroli, Rose, Sandelholz, Ylang-Ylang
Verbrennungen	Zitrone	Kamille	Jasmin, Neroli, Rose
Verjüngend und regenerierend	Patschuli, Weihrauch	Geranie, Kamille, Kampfer, Lavendel, Rosmarin Lavendel, Melisse	Jasmin, Myrrhe, Neroli,

Problem	Spitzennoten	Mittelnoten	Basisnoten
Wunden	Bergamott, Eukalyptus, Niauli, Teebaum (bei Infektionen), Thymian	Geranie, Kamille, Kampfer, Lavendel, Rosmarin, Wacholder, Ysop	Benzoe, Myrrhe, Patschuli, Weihrauch
Zellulitis		Fenchel, Lavendel, Rosmarin, Wacholder	Oregano
Kopf			
Bindehautentzündung Erkältung	Zitrone	Geranie, Kamille, Lavendel	Rose
Halsschmerzen	Basilikum, Eukalyptus, Teebaum, Zitrone	Majoran, Melisse, Pfefferminze, Rosmarin, Schwarzer Pfeffer	Benzoe
	Bergamott, Eukalyptus, Muskatellersalbei, Niauli, Salbei, Teebaum, Zitrone	Bohnenkraut, Geranie, Lavendel	Ingwer, Sandelholz
Kopfschmerzen	Eukalyptus (bei verstopften Atemwegen), Zitrone	Anis, Kamille, Lavendel, Pfefferminze (bei verdauungsbedingten Kopfschmerzen)	
Laryngitis (Kehlkopfentzündung)	Salbei, Thymian, Zitrone	Zypresse	Sandelholz, Weihrauch
Migräne	Basilikum, Eukalyptus (bei Verstopfung der Atemwege)	Anis (bei Übelkeit), Kamille, Lavendel, Majoran, Melisse, Pfefferminze (bei verdauungsbedingter Migräne), Rosmarin	Rose
Mundgeruch	Bergamott, Thymian	Lavendel, Pfefferminze, Rosmarin	Muskatnuß, Myrrhe
Mundwasser (Gaumentonikum)	Teebaum, Zitrone, Salbei	Kamille, Fenchel	Myrrhe
Nasenbluten		Zypresse	Weihrauch
Neben- und Stirnhöhlenbeschwerden	Basilikur, Eukalyptus, Niauli, Zitrone	Fichte, Lavendel, Pfefferminze	Nelke

Problem	Spitzennoten	Mittelnoten	Basisnoten
Ohrenschmerzen	Basilikum, Kajeput (bei Entzündung)	Bohnenkraut, Kamille, Lavendel, Ysop Fenchel, Rosmarin	Rose
Sehschwäche		Kamille	
Zahnen	Salbei	Pfefferminze, Schwarzer	Nelke
Zahnschmerzen		Pfeffer, Wacholder	
Kopfhaut			
Haarausfall	Salbei, Thymian	Lavendel, Rosmarin	Zedernholz
Schorf	Zitrone	Geranie, Kamille	Zedernholz
Schuppen		Rosmarin	Zedernholz
Seborrhoe		Wacholder	
Kreislauf			
Blutarmut	Thymian, Zitrone	Kamille	Ylang-Ylang
Hoher Blutdruck	Muskatellersalbei, Zitrone	Lavendel, Majoran, Melisse	
Frostbeulen	Zitrone	Lavendel, Zypresse	
Hämorrhoiden		Wacholder, Zypresse	Myrrhe, Weihrauch
Krampfadern	Zitrone	Zypresse	
Niedriger Blutdruck	Salbei, Thymian	Rosmarin, Ysop	
schlechte Durchblutung	Zitrone	Kampfer, Rosmarin, Schwarzer	Benzoe, Ingwer, Rose
träge Lymphzirkulation	Salbei	Pfeffer, Wacholder, Zypresse Lavendel, Rosmarin	
Menstruation			
Eierstockbeschwerden	Salbei	Zypresse	
Leukorrhoe	Bergamott, Eukalyptus, Thymian	Geranie, Lavendel, Majoran, Rosmarin, Wacholder, Ysop	
Menopause	Salbei	Fenchel, Geranie, Kamille, Zypresse	

Problem	Spitzennoten	Mittelnoten	Basisnoten
Prämenstruelles Syndrom	Muskatellersalbei	Geranie, Kamille, Lavendel, Melisse	Neroli, Rose
Scheidenreizung		Kamille	
Schmerzen bei der Periode	Bergamott Kajeput, Salbei	Anis, Kamille, Majoran, Melisse, Pfefferminze, Rosmarin, Wacholder, Zypresse	Estragon, Jasmin
Starke Blutungen	Salbei	Geranie, Kamille, Wacholder, Zypresse	Rose, Weihrauch
Sterilität (bei Frauen) Unregelmäßige Periode	Muskatellersalbei, Salbei, Thymian	Geranie, Melisse Fenchel, Kamille, Melisse, Ysop	Jasmin, Rose Oregano, Rose
Muskeln Hexenschuß Krämpfe	Basilikum	Geranie, Kamille Majoran, Zypresse	Ingwer, Muskatnuß, Nelke, Oregano
Muskelschmerzen	Eukalyptus, Kajeput, Koriander, Kümmel, Salbei, Thymian	Kamille, Kampfer, Lavendel, Majoran, Rosmarin, Schwarzer Pfeffer, Wacholder	
Rheumatismus	Eukalyptus, Kajeput, Koriander	Kamille, Lavendel, Majoran, Rosmarin, Wacholder, Ysop	
Schlaffheit (mangelnder Tonus)	Zitronengras	Lavendel, Rosmarin, Schwarzer Pfeffer	
Steifheit	Thymian	Rosmarin	
Verstauchungen	Eukalyptus	Kampfer, Lavendel, Majoran, Rosmarin, Ysop	
Nerven Angstzustände (Panik)	Basilikum, Bergamott, Thymian	Geranie, Kamille, Kampfer (Hysterie), Lavendel, Majoran, Melisse, Wacholder	Neroli, Rose, Weihrauch, Zedernholz

Problem	Spitzennoten	Mittelnoten	Basisnoten
Depression	Basilikum, Bergamott, Muskatellersalbei, Thymian	Geranie, Kamille, Kampfer, Lavendel	Jasmin, Neroli, Patschuli, Rose, Sandelholz, Weihrauch, Ylang-Ylang
(Überhöhte) Erregbarkeit	Salbei, Thymian, Zitrone	Kamille, Lavendel, Majoran, Wacholder, Ysop, Zypresse	Muskatnuß, Neroli, Ylang-Ylang
Geistige Erschöpfung Nervenschwäche (Erschöpfung)	Basilikum, Muskatellersalbei, Salbei	Bohnenkraut, Rosmarin Lavendel, Majoran, Wacholder	Benzoe, Jasmin
Nervöse Anspannung (Ängste)	Basilikum, Bergamott Muskatellersalbei, Petitgrain, Thymian	Geranie, Kamille Lavendel, Majoran, Melisse, Wacholder	Jasmin Neroli, Rose, Sandelholz, Ylang-Ylang
Neuralgien (im Gesicht)	Eukalyptus	Geranie, Kamille, Pfefferminze	Nelke
Neuralgien (rheumatisch) Reizbarkeit	Eukalyptus	Kamille, Lavendel, Majoran, Majoran, Ysop	Nelke
		Kamille, Lavendel, Majoran Zypresse	Neroli, Rose
Schlaflosigkeit	Basilikum	Kamille, Kampfer, Lavendel, Majoran, Wacholder	Neroli, Rose, Sandelholz, Ylang-Ylang
Schockzustände (plötzlicher) Streß Teilnahmslosigkeit (Apathie)	Basilikum	Kampfer, Melisse, Pfefferminze Lavendel, Wacholder Rosmarin	Neroli Neroli, Rose, Zedernholz Jasmin
Verdauung Appetitlosigkeit	Bergamott	Fenchel, Kamille, Schwarzer Pfeffer, Wacholder, Ysop	Estragon, Myrrhe, Oregano
Bauchschmerzen	Bergamott	Fenchel, Kamille, Lavendel, Pfefferminze, Rosmarin	

Problem	Spitzennoten	Mittelnoten	Basisnoten
Blähungen	Basilikum, Bergamott, Koriander, Kümmel, Salbei	Anis, Fenchel, Kampfer, Lavendel, Melisse, Pfefferminze, Rosmarin, Wacholder, Ysop	Estragon, Ingwer, Myrrhe, Zimt
Brechreiz	Zitrone	Fenchel, Pfefferminze	Rose
Darmträgheit	Koriander	Bohnenkraut	Estragon, Ingwer, Muskatnuß, Oregano
Diabetes	Eukalyptus, Zitrone	Geranie, Rosmarin, Wacholder	
Dickdarmkatarrh, Enteritis	Kajeput, Niauli, Teebaum (bei Virusinfektionen), Zitronengras	Lavendel, Rosmarin	
Durchfall	Eukalyptus, Salbei	Bohnenkraut, Geranie, Kamille, Lavendel, Pfefferminze, Rosmarin, Wacholder, Zypresse	Ingwer, Myrrhe, Muskatnuß, Nelke, Sandelholz
Gallenkolik	Bergamott, Eukalyptus, Zitrone	Pfefferminze	
Gallensteine		Geranie, Kamille, Kampfer, Lavendel, Rosmarin, Ysop	Ylang-Ylang
Gastroenteritis	Basilikum, Bergamott, Niauli, Thymian, Zitronengras	Fichte, Pfefferminze, Rosmarin	
Koliken	Bergamott	Fenchel, Lavendel, Pfefferminze, Schwarzer Pfeffer, Wacholder, Ysop	Sandelholz, Zimt
Lebensmittelvergiftung		Fenchel, Schwarzer Pfeffer	
Leber	Salbei, Zitrone	Pfefferminze, Rosmarin	
Leberzirrhose		Rosmarin, Wacholder	Rose
Magengeschwüre	Zitrone	Geranie, Kamille	Rose
Magenverstimmung (Dyspepsie)	Basilikum, Bergamott, Salbei, Thymian, Zitronengras	Anis, Fenchel, Kamille, Lavendel, Melisse, Pfefferminze, Rosmarin, Schwarzer Pfeffer, Wacholder, Ysop	Nelke
Reisekrankheit		Pfefferminze	

Problem	Spitzennoten	Mittelnoten	Basisnoten
Ruhr Sodbrennen Übelkeit	Kajeput	Schwarzer Pfeffer Fenchel, Lavendel, Melisse, Pfefferminze	Rose, Sandelholz
Verstopfung		Fenchel, Kampfer, Majoran, Rosmarin, Schwarzer Pfeffer, Ysop	
Würmer	Kümmel	Bohnenkraut	Estragon, Nelke, Zimt
Verschiedenes Arthritis	Kümmel, Salbei, Thymian, Zitrone	Kamille, Kampfer, Wacholder	Benzoe
Bettnässen Gicht	Basilikum	Zypresse Fenchel, Fichte, Kamille, Rosmarin, Wacholder	Benzoe
Krätze Läuse Pilzinfektionen Schwindel	Kümmel	Bohnenkraut	Nelke, Zimt Oregano, Zimt Tagetes
starkes Schwitzen	Bergamott, Muskatellersalbei, Salbei	Fichte, Zypresse	

13.

Fallgeschichten

Es ist immer anregend und interessant, Fallgeschichten über Behandlungserfolge zu lesen, dabei sollte man jedoch bedenken, daß auf zehn Fälle mit spektakulärem Erfolg zehn kommen, wo die Ergebnisse eher mittelmäßig sind und auch einer oder zwei, bei denen sich kaum eine Veränderung beobachten läßt. Diese Menschen brauchen wahrscheinlich eine andere Naturheilweise zur Unterstützung der Aromatherapie, beispielsweise Akupunktur, Reflexzonenmassage, Diät oder natürliche Medikamente. Außerdem kann man keine Wunder erwarten, wenn man vielleicht nur die Symptome behandelt oder nicht erkennt, was die Ursache der Symptome ist und deshalb ein falsches Öl wählt. Hier sollten Sie nicht zu früh aufgeben, sondern es mit einer anderen Ölmischung noch einmal versuchen.

In meiner eigenen Praxis arbeite ich seit einiger Zeit an solch einem Fall. Die Tochter einer Freundin litt 1981 unter einem hartnäckigen Ekzem und wollte eine natürliche Heilmethode probieren. Ich mischte ihr eine Creme für das Ekzem, und sie war begeistert von der die Wirkung. Sie hatte bald so wenig Beschwerden, daß sie erst 1982, nach zwölf Monaten, ein zweites Töpfchen mit Creme brauchte. Vor ein paar Wochen rief sie mich an und bat um ein Heilmittel für ihren Freund, der seit ein paar Wochen unter einem „kribbelnd-heißen" Ausschlag litt und die Hautreizung kaum noch ertragen konnte. Also habe ich ihm ein Öl mit Pfefferminz und Sandelholz gemischt. Danach hörte ich eine Weile nichts von Hazel, dann aber erzählte sie mir, daß das Öl seinem Ausschlag kaum geholfen hätte. Der Juckreiz sei geringer geworden, der Ausschlag jedoch geblieben. Im weiteren Verlauf des Gesprächs kam ich (obwohl ich den Mann nie gesehen hatte) zu dem Schluß, daß er vielleicht unter einem Kontaktekzem litt. Deshalb schlug ich vor, ihn vor der Zubereitung weiterer Ölmischungen persönlich zu treffen. Das ist aber erst drei

Tage her, folglich habe ich noch kein anderes Mittel ausprobieren können.

*   *   *

Mrs. F. aus Hinckley lernte ich kennen, als ich vor einem Frauenverein einen Vortrag über Aromatherapie hielt. Mein erster Versuch, ihre fleckige trockene Gesichtshaut zu behandeln, mißlang. Zunächst gab ich ihr meine üblichen „Essentia"-Produkte* für trockene Haut. Nach vier Tagen war der Zustand ihrer Haut nicht besser, sie war sogar noch trockener als vorher. (Allerdings hatte Mrs. F. vorher eine Feuchtigkeitscreme auf Mineralölbasis benutzt. Solche Cremes ziehen Feuchtigkeit aus der Luft und aus den unteren Hautschichten, um die Oberfläche feucht zu halten. Setzt man eine solche Creme ab, kann die Haut daher noch trockener werden.) Dann ließ ich Mrs. F. alle zwei Stunden meine Feuchtigskeitscreme auftragen und gab ihr außerdem in meinem Salon eine Gesichtsmaske, um die Durchblutung anzuregen. Nach einer Woche rief sie an und teilte mir mit, daß ihre Haut jetzt wieder den ursprünglichen Zustand erreicht hatte, also fleckig und immer noch ziemlich trocken war. Nicht viele Frauen wären so hartnäckig gewesen wie Susan, und dafür bin ich ihr wirklich dankbar, denn ich wollte der Sache auf den Grund gehen. Sie kam wieder in meinen Salon, und mein Mann, ein Spezialist für Haarprobleme, fragte sie, ob es in ihrer Familie schon einmal Fälle von Ekzemen, Asthma oder Heuschnupfen gegeben habe. Er hat sich während seiner Ausbildung auch mit Hautkrankheiten befaßt. Die Antwort lautete „Ja" – obwohl Susan selbst keine derartigen Symptome hatte –, also schlug mein Mann Len vor, ich sollte ihr eine Feuchtigkeitscreme mit ätherischen Ölen gegen Ekzeme mischen. Das tat ich – und nach zwei Wochen kam Mrs. F. mit wundervoll reiner und weicher Haut wieder – ganz ohne Flecken und trockene Stellen. Seitdem hat sie natürlich immer nur diese spezielle Feuchtigkeitscreme benutzt.

Ich bin wirklich dankbar, daß sie so lange durchgehalten hat. Viele Menschen hätten angenommen, sie seien gegen die neuen Kosme-

---

* „Essentia" ist der Markenname für die von Shirley Price selbst entwickelten und vertriebenen Hautpflegeprodukte – Bezugsadresse siehe letzte Seite.

tika allergisch und wären zu den alten zurückgekehrt, ohne mit mir darüber zu sprechen und mir eine neue Chance zu geben. Der *einzige* Unterschied zwischen der ersten Feuchtigkeitscreme, die ich ihr gab, und der zweiten lag in der Zusammensetzung der ätherischen Öle. Heute frage ich Klientinnen, die mit ähnlichen Hautproblemen zu mir kommen, immer zuerst nach Ekzemen, Asthma und Heuschnupfen in der Familie – bis jetzt mit großem Erfolg. Ich habe meine Präparate für diese Leute „Special E" genannt; die Palette umfaßt Nachtcreme, Handlotion, Lotion für nach dem Bad, Massageöl und Sonnenschutzlotion. Mrs. F. benutzt den normalen Reiniger für trockene Haut, weil er nicht lange auf der Haut bleibt, sondern gleich abgewaschen wird.

*   *   *

Mrs. U., ebenfalls aus Hinckley, hat sich vor fast vier Jahren ein künstliches Hüftgelenk einsetzen lassen. Doch der Körper nahm es nicht an, und nach vielen Komplikationen und Schmerzen hat sie es wieder entfernen lassen. Seit der Operation ist die Haut an ihrem Bein sehr trocken, deswegen benutzt sie nach dem Baden die entsprechende „Essentia"-Lotion mit speziellen Essenzen, damit ihre Haut nicht schorfig wird. Gegen ihre Schmerzen in Händen und Füßen habe ich ihr ein Öl für Arthritis gemischt – das hat ihr deutliche Erleichterung verschafft. Und vor ein paar Wochen habe ich ihr ein Öl gegen Blutergüsse zusammengestellt, weil bei ihr der kleinste Stoß blaue Flecken verursacht. Demnächst werde ich ihr ein Öl geben, das ihr hilft, das Narbengewebe am Oberschenkel abzubauen. Dabei handelt es sich eigentlich um eine Mischung gegen Unterhautrisse, 1978 hatte ich damit jedoch auch *nach* der Schwangerschaft noch Erfolg bei einer Frau, die versäumt hatte, bereits *während* ihrer Schwangerschaft Unterhautrissen vorzubeugen.

*   *   *

Eine meiner Angestellten, Judy, hat 1980 mein Öl gegen Unterhautrisse während der gesamten Schwangerschaft benutzt und es begeistert gleich einer weiteren Angestellten, Kay, empfohlen, als diese auch schwanger wurde. Eine andere Frau, Marlene, hat mein Öl gegen Unterhautrisse 1979 an sechs Jahre alten Hautschäden aus-

165

probiert. Außerdem hat sie eine Ölmischung gegen Zellulitis und Flüssigkeitsstau mit so großem Erfolg benutzt, daß ihr Ehemann deutliche Unterschiede an ihren Oberschenkeln feststellte.

*   *   *

Dasselbe Öl gegen Flüssigkeitsstau benutzt auch Mrs. L. aus Hinckley für ihre geschwollenen Knöchel. Zweimal täglich mußte sie Tabletten gegen Wassersucht einnehmen, und die ständigen Gänge zur Toilette bewirkten, daß sie sich schwach und elend fühlte. Nachdem ich eine Woche lang regelmäßig ihre Füße und Unterschenkel mit dem „Essentia"-Öl massiert hatte, war ihr Knöchelumfang um etwa 2 1/2 cm zurückgegangen. In ihrer Freude erzählte sie ihrem Arzt davon (der übrigens auch mein Arzt ist), und er sagte lachend: „Jaja, Shirley mit ihren merkwürdigen Theorien – naja, zumindest wird es Ihnen nicht schaden." Jetzt, nach acht Wochen, nimmt Mrs. Lowe nur noch eine Wassertablette pro Tag, und ihre Knöchel sind weiterhin weniger geschwollen.

*   *   *

Die achtjährige Tochter einer meiner Kundinnen leidet unter einem Ekzem. Caroline trägt sich die Lotion selbst auf, und wenn das Ekzem auftritt, verschwindet es wieder, wenn sie ihre Spezialcreme anwendet. Neulich bat mich ihre Mutter um ein Mittel gegen ihren eigenen schwachen Muskeltonus. Vor ein paar Wochen kam sie zu einer Serie elektrischer Gesichtsbehandlungen zur Verjüngung von müder und trockener Haut in meinen Salon. Ich empfahl ihr, zwischen den Behandlungen zu Hause bestimmte Cremes zu benutzen, und sie war damit sehr zufrieden. Leider waren ihr diese Behandlungen auf Dauer zu teuer, deshalb empfahl ich ihr mein „Essentia"-Programm zur Behandlung von trockener und faltiger Haut. Heute schwört sie, daß ihre Haut dadurch noch besser geworden ist, und ich muß sagen, daß der Weihrauch in der „Essentia"-Nachtcreme wirklich Wunder an ihrem Hals gewirkt hat.

*   *   *

Mrs. F. leidet unter Schuppenflechte. Diese Krankheit ist schwer zu behandeln, weil von Zeit zu Zeit neue Ausbrüche kommen. Vor etwa zwei Jahren begann Frau F., die „Essentia"-Handlotion gegen

Schuppenflechte regelmäßig täglich zu benutzen. Seitdem sind ihre Rückfälle wesentlich schwächer geworden.

*   *   *

Meine eigene Tochter Penny, die jetzt 26 Jahre alt ist, hatte vor vier Jahren einen nervösen Ausschlag. Bei kaltem Wetter bekam sie überall am ganzen Körper eine starke Hautreizung. Mit einer richtig ausgewogenen Mischung von Sandelholz und Pfefferminze gelang es uns, die Hautreizung recht gut in Schach zu halten. Als dann auch ihr seelisches Problem gelöst war, verschwand auch das Symptom – der Ausschlag – ganz und gar, und sie brauchte die Öle nicht mehr. Dann, als es ihr wieder besser ging, nahmen wir auch ihre Menstruationsprobleme in Angriff. Sie hatte nämlich ihre erste Periode erst mit 16 Jahren, und auch dann nur sporadisch, manchmal vergingen sieben Monate bis zur nächsten Blutung. In diesem Alter hatte sie auch Probleme mit Übergewicht, oft fastete sie drei oder vier Tage hintereinander und nahm nur Flüssiges zu sich. Denn wenn sie mehr als 500 Kalorien pro Tag verzehrte, nahm sie zu! Manchmal hielt sie das Hungern nicht durch und aß an ihren Fastentagen Kekse zum Kaffee. Ihr Gewicht war nie stabil. Letztes Jahr im Sommer, 1981, beschlossen wir in ihren Semesterferien, die Probleme mit der Periode anzugehen. Also erhielt sie jeden zweiten Tag eine Bauchmassage mit ätherischen Ölen und außerdem eine bestimmte Ölmischung als Badezusatz. Schon nach einer Woche hatte sie die Periode. Wir setzten die Behandlung in den gesamten Ferien fort, über insgesamt zwölf Wochen. Sechs Wochen später hatte sie wieder eine Periode. Inzwischen setzt sie alle vier oder fünf Wochen ein, auch ohne daß Penny die Öle benutzt. Fast der schönste Erfolg aber war, daß sie mit den regelmäßigen Monatsblutungen nach und nach auch ihr Übergewicht loswurde. Heute ißt sie ganz normal (allerdings keine Butter – dafür aber viel Kleie und Ballaststoffe) und hat zu ihrer und unserer Freude Konfektionsgröße 40.

*   *   *

Ein weiteres Problem, bei dem ätherische Öle leicht Abhilfe schaffen können, sind Krämpfe. Dabei habe ich noch nie einen Behandlungsmißerfolg erlebt. Den ersten Erfolg hatte ich mit Frau P. aus Sharnford, die sehr unter nächtlichen Wadenkrämpfen litt. Ich gab ihr ein Massageöl, das sie in der ersten Woche täglich und später einmal wöchentlich in den linken Fuß und die linke Wade einmassierte. Außerdem mischte ich ihr ein Badeöl für eine Anwendung pro Woche. Seitdem, d.h. seit zweieinhalb Jahren, hat sie nie wieder einen Krampf gehabt. Gerade ist sie zu ihrer Tochter nach Australien gezogen und hat sich gleich einen Jahresvorrat mitgenommen!

*   *   *

Meine Kundin Brenda stellt sich auch als Modell zur Verfügung, wenn ich Kurse über Aromatherapie gebe. Früher hatte sie starke Krämpfe in den Zehen des linken Fußes. Dann gab ich ihr „eine kleine Flasche Zaubertrank" (wie Brenda sie nennt), und schon nach zwei Nächten waren die Schmerzen fast verschwunden. Bei den ersten Anzeichen für erneute Schmerzen braucht sie sie nur einmal anwenden, und schon sind sie verschwunden.

*   *   *

Auch meine Freundin Iris aus Earl Shilton litt früher unter Wadenkrämpfen. Dann benutzte ihr Mann das Öl, das ihr geholfen hatte, auch für sein verstauchtes Knie – mit großem Erfolg. Was er dabei nicht wußte, war, daß der Majoran in Iris' Öl sowohl gegen Krämpfe als auch gegen Verstauchungen wirkt. Für ihre Schwiegermutter habe ich dann ein Öl gegen Rheumatismus zusammengestellt, und für ihre Tochter ein Insektenschutzmittel, bevor sie nach Afrika in Urlaub fuhr. Letztes Jahr hat Iris mich gefragt, ob ich ihr nicht irgendwie bei ihren Nebenhöhlenbeschwerden helfen könnte. Sie erwog schon eine Operation, wollte es aber vorher noch einmal mit Aromatherapie versuchen. Heute sagt sie: „Viele Jahre habe ich Probleme mit den Stirn- und Nebenhöhlen gehabt, besonders im Winter waren sie immer wieder entzündet und verursachten Schmerzen. Oft war mein Gesicht entlang der Backenknochen schmerzhaft geschwollen, und die Kopfschmerzen wollten nicht aufhören. Im Winter 1981/82 waren meine Beschwerden so hartnäckig, daß ich im Januar Shirley um Hilfe bat. Sie gab mir ein Öl als Badezusatz und ein anderes zur Gesichtsmassage, dazu genaue Anweisungen, mit welchem Druck ich um die entzündeten Partien herum massieren sollte.

Anfangs habe ich das Badeöl zwei- bis dreimal in der Woche angewendet, heute nehme ich es nur noch einmal wöchentlich. Das Massageöl habe ich anfangs jeden Abend einmassiert. Nach vier Wochen hatte sich mein Zustand wesentlich verbessert. Dann schlug Shirley vor, ich sollte statt der „Essentia"-Nachtcreme zur Hautverjüngung eine Creme mit speziellen Essenzen gegen meine Krankheit verwenden. Diese benutze ich jetzt jeden Abend ganz wie eine normale Nachtcreme. Nur wenn ich eine Erkältung habe, wende ich das Massageöl und die Druckmassage an.

In der Folge hat sich mein Zustand wesentlich verbessert, auch Erkältungen verlaufen nicht mehr so schlimm. Anscheinend verhindert die Nachtcreme Verschleimung und Verstopfung, denn seit ich sie benutze, hatte ich keine größeren Beschwerden mehr."

*   *   *

Herr C. ist Patient meines Mannes (der, wie erwähnt, Fachmann für Haarerkrankungen ist), er litt unter Ausschlag und starken Reizungen an der Kopfhaut. Mein Mann hatte es bereits ohne großen Erfolg mit einer Haarlotion versucht, also bat er mich um Hilfe. Ich versuchte es aufs Geratewohl mit einer Creme, die Essenzen gegen Ekzeme enthielt, und der Zustand des Patienten besserte sich sofort. Ein Töpfchen mit 100 g Salbe verschaffte ihm wieder eine normale Kopfhaut. Allerdings mußte er weiterhin Lens Spezialshampoo benutzen, um beschwerdefrei zu bleiben.

*   *   *

Frau J. kam mit einem ähnlichen Gesichtsausschlag in Lens Praxis. Außerdem hatte sie viele winzige Ablagerungen unter der Hautoberfläche. Kosmetika aller Art verschlimmerten ihren Zustand nur, also bat mich Len, ihr eine Feuchtigkeitscreme zu mischen, die sie nach dem Waschen auftragen sollte. Wieder hatte ich mit den Essenzen gegen Ekzeme Erfolg.

*   *   *

Haarausfall ist nicht leicht zu behandeln, ich habe jedoch festgestellt, daß die *richtige* Massage regelmäßig angewendet weiteres Ausdünnen mit Sicherheit verhindert. Recht häufig werden dadurch sogar

Haarfollikel neu belebt, die ihre Fähigkeit, ein neues Haar zu erzeugen, bereits eingebüßt haben. Vor der Massage sollte man ein Trägeröl mit Rosmarin und Zedernholz auftragen. Wenn man dieses Verfahren sechs bis acht Monate lang wöchentlich und *regelmäßig* anwendet, wird man feststellen, daß die Haare dicker werden, und die Haarstruktur sich verbessert. Ich habe damit in zahlreichen Fällen Erfolg gehabt, mindestens acht Frauen und fünf Männer (deren Namen ich auf Anfrage gerne weitergebe) haben sehr von dieser Behandlung profitiert.

*   *   *

Nun einige Fallgeschichten, die mir von praktizierenden Aromatherapeuten und Reflexologen, die ich ausgebildet habe, zugeschickt wurden. Ich habe den Wortlaut dieser Berichte nicht verändert.

*   *   *

Bericht von Frau Teresa Silva, die im Juli 1982 bei mir ausgebildet wurde und heute in Spanien praktiziert:
„Ich möchte Ihnen von Frau P. berichten, die vor fünf Jahren einen üblen Autounfall hatte, bei dem sie schwere Schäden an Rücken und Hals davontrug. Zwei Jahre lang konnte sie nicht arbeiten und ein normales Leben führen. Seit drei Jahren allerdings kommt sie wieder einigermaßen zurecht, obwohl sie wegen ihrer Nackenschmerzen nachts nicht durchschlafen kann.

Beschwerden hatte sie auch mit ihren unregelmäßigen Monatsblutungen, ihr Bauch ist dabei immer sehr geschwollen. Außerdem leidet sie unter Verstopfung.

Am 25. August behandelte ich sie zum ersten Mal mit Essenzen, ich gab ihr Melisse, Majoran, Lavendel und Wacholder.

Am 26. August rief sie mich freudig erregt um zehn Uhr vormittags an und berichtete, sie hätte das erste Mal seit langem nachts durchgeschlafen. Außerdem kam dann ihre Periode pünktlich, und die Verstopfung war verschwunden.

Bei der zweiten Behandlung (am 3. Spetember) berichtete sie, daß sie weiter nachts durchschläft, die Schmerzen im Nacken zurückgegangen und jetzt viel erträglicher seien. Der Bauch ist allerdings weiter etwas empfindlich.

Ich hoffe, Ihnen am 20., wenn wir uns sehen, von weiteren Fortschritten dieser Patientin berichten zu können.

*   *   *

Bericht von Keith und Terry Clarke von der Ryodoraku- Akupunkturklinik und der Jasmin-Schönheitsklinik in Lincoln:

Wir hatten hier im Citycenter in Lincoln (wo wir nebeneinander die Jasmin-Schönheitsklinik und die Ryodoraku-Akupunkturklinik betreiben) großen Erfolg bei einer Folge von Behandlungen von Arthritis und Streß, und zwar mit einer Kombination aus Aromatherapie und Akupunkturbehandlungen. Unsere Kunden waren so zufrieden, daß sie nach Abschluß der Behandlung oft wiederkamen und weiter nach Aromatherapie verlangten, weil's ihnen so angenehm war. Hier einige Fallgeschichten, durch die wir uns besonders bestätigt gefühlt haben:

Frau „A" kam im Mai oder Juni 1982 zu uns und bat um eine Akupunkturbehandlung ihrer schweren arthritischen Beschwerden am unteren Ende der Wirbelsäule und in den Hüften. Diese hatten im Dezember oder Januar begonnen; seitdem hatte sie nur noch mit Schmerzen gehen können, hatte Schwierigkeiten beim Hinsetzen und Aufstehen und konnte keinen Schlaf finden. Im ersten Monat akupunktierten wir sie zweimal wöchentlich, dann hatte sich ihr Zustand so verbessert, daß wir auch Aromatherapie hinzunehmen konnten. Wir verwendeten Lavendel, Benzoe und Rosmarin. In den nächsten drei Wochen bekam sie jede Woche je eine Akupunktur- und Aromatherapiebehandlung. Dann haben wir beides nach und nach reduziert, und heute kommt sie alle vierzehn Tage abwechselnd einmal zur Akupunktur, einmal zur Aromatherapie. Jetzt, im November 1982, ist sie zu 90 Prozent schmerzfrei.

Frau „B" kam Ende August 1982 zu uns. Sie hatte starke Schmerzen aufgrund eines alten Bandscheibenschadens. Auf ihren Wunsch gaben wir ihr Akupunkturbehandlungen. Außerdem aber schlugen wir ihr parallel dazu eine Aromatherapie vor. Auch hier verwendeten wir Rosmarin, Benzoe und Lavendel. Sie kam in Abständen von etwa zehn Tagen zu beiden Behandlungen, und nach und nach verbesserte sich ihr Zustand. Mitte Oktober konnte sie wieder zur Arbeit gehen und heute braucht sie unsere Hilfe nur noch gelegentlich.

Frau „C" litt seit längerer Zeit unter schweren Neurosen. Im Juli 1982 kam sie wegen Akupunkturbehandlungen zu uns. Nach einem ausführlichen Gespräch über ihr Problem vereinbarten wir mit ihr, daß die Behandlungen bei ihr zu Hause stattfinden sollten. Wir akupunktierten sie drei Wochen lang zweimal wöchentlich, dann setzten wir auch Aromatherapie in Kombination mit Akupunktur ein. Dabei verwendeten wir Kamille, Wacholder, Majoran und Lavendel. Anfangs behandelten wir sie alle fünf oder sechs Tage. Doch nach der zweiten Aromatherapiesitzung fiel es dieser Klientin plötzlich viel leichter, sich zu entspannen, und nach und nach vergrößerten wir die Abstände zwischen den Behandlungen auf vierzehn Tage. Inzwischen, im November 1982, kommt sie zwar noch zur Behandlung, aber sie kann jetzt selbst den Weg in unsere Klinik zurücklegen – womit ihre Behandlung kurz vor dem Abschluß steht.

Der nächste Bericht stammt von Doreen Bader aus Great Doddington, Northamptonshire, die dort in einem Krankenhaus behandelt:

Herr T. litt unter allgemeiner Anspannung, seine Kopfhaut war gespannt, die Füße schlecht durchblutet, außerdem hatte er Verdauungsprobleme. Für sein Gesicht benutzte ich Ylang-Ylang und Rose, für den Körper Lavendel, Bergamott und Wacholder. Fünf Wochen hintereinander massierte ich Herrn T. einmal wöchentlich, danach (und eigentlich auch schon währenddessen) schlief er wesentlich besser, konnte sich leichter entspannen und setzte Schlaftabletten und Valium ab.

Frau B. hatte starke rheumatische Beschwerden in den Händen und Füßen. Vier Wochen lang massierte ich sie dort regelmäßig, danach konnte sie ihre Zehen wieder bewegen, und ihre Hände wurden biegsamer und taten weniger weh. Für die Massage habe ich Salbei, Rosmarin und Lavendel verwendet.

Frau T. hatte sehr stark geschwollene Beine und Knöchel. Die physiotherapeutische Behandlung am örtlichen Krankenhaus hatte überhaupt nicht geholfen. Seit vier Wochen massiere ich ihre Beine und Fußgelenke zweimal wöchentlich, und schon nach zwei Sitzungen war ein deutlicher Rückgang der Schwellungen zu beobachten. Sie ist hocherfreut, daß sie die Knochen an ihren Fußgelenken wieder sehen kann, und ihre Beine haben auch wieder eine normale Form erreicht (anstatt der häßlichen Ausbeulungen, die sich vorher entwickelt hatten). Hier habe ich Salbei, Rosmarin und Lavendel benutzt.

Frau B. hatte starke Schmerzen am Knie. Ich habe sie mit Aromatherapiemassage und Fußreflexzonenmassage für den Kniereflex behandelt. Die Schmerzen gingen dadurch zurück.

Frau W. hatte Schmerzen am Ischiasnerv. Ich habe ihre Füße in dieser Reflexzone massiert, außerdem einen Teil der Beine. Jetzt ist sie beschwerdefrei und hat noch keinen Rückfall gehabt.

Hier der Bericht von Siobhann, die zur Zeit im Bridge- Schönheitssalon in Coventry arbeitet:

Frau B. litt unter Nierenbeschwerden, Angespanntheit und Husten. Bei der Fußreflexzonenmassage erwies sich der Nierenbereich als sehr schmerzempfindlich; das bestätigte den Verdacht der Patientin, daß sie eine schwache Niere hätte. Außerdem litt sie unter Bronchitis. Nach einer Massagebehandlung mit Eukalyptus und Lavendel ging sie nach Haus und schlief überraschenderweise fast den ganzen Nachmittag. Als sie erwachte, spürte sie, daß ihr Atem nicht mehr so beengt war, und daß die hartnäckigen Schmerzen an den Nieren verschwunden waren.

Frau M.: Bronchitis und schlechte Durchblutung
Behandlung: Eukalyptus, Wacholder
Während ich entlang der Wirbelsäule mit dem Daumen Druck ausübte, hustete diese Klientin ständig, und ich fühlte, wie sich die kleinen Knötchen auflösten. Ein paar Stunden später rief sie mich an und berichtete, sie hätte allen Schleim aus ihrer Brust hinausbefördert und könnte jetzt wieder normal atmen.

Frau H.: Zellulitis, schlechte Durchblutung
Behandlung: Wacholder
Diese Patientin nimmt nur Beinmassagen, denn sie schämt sich sehr für die Zellulitis an ihren Oberschenkeln. Sie ist von Natur aus sehr unabhängig und ärgert sich über sich selbst, weil sie in diesen Zustand geraten ist und sich nicht selber weiterhelfen kann. Jetzt hat sie sich zu Aromatherapie entschlossen. Ich arbeite bei ihr nach dem Drainageprinzip. Nach etwa drei Wochen war ein sichtbarer Unterschied zu erkennen, was der Patientin Vertrauen und Willenskraft

zur Fortsetzung der Behandlung und auch neues Selbstvertrauen gab. Heute, nach zehn Wochen, hat sich der Zustand ihrer Oberschenkel wesentlich verbessert.

Der Bericht von Janice Benham (heute: Morgan), einer ambulanten Aromatherapeutin in Nottinghamshire:

Die achtzehnjährige Frau C. litt seit zwei Monaten unter Rückenschmerzen, weil sie bei der Arbeit schwere Lasten gehoben hatte. Ihr Arzt gab ihr Schmerzmittel und riet ihr, die Sache nicht so schwer zu nehmen.

Dann kam sie zu mir, und ich untersuchte ihren Rücken gründlich und stellte fest, daß kein Wirbel sich verschoben hatte. Darauf massierte ich anstatt des Rückens die Fußreflexzonen. Am empfindlichsten an beiden Füßen waren der Lendenwirbelbereich und der Ischiasnerv in Hüfthöhe. Diese Stellen habe ich etwa fünfzehn Minuten lang massiert, bis sie kaum noch schmerzempfindlich waren. Dann gab ich ihr ein Badeöl, das überwiegend aus Wacholder und Rosmarin bestand und machte mit ihr einen Termin für die nächste Woche aus. Am nächsten Tag hatten sich die Rückenschmerzen sehr verstärkt, am übernächsten Tag jedoch war sie völlig schmerzfrei – und das blieb so. Als sie in der nächsten Woche zu mir kam, hatte sie keinerlei Schmerzen mehr. Vorher konnte sie nicht zur Arbeit gehen und weinte vor Schmerzen. Neulich (sechs Wochen nach der letzten Behandlung) habe ich sie wieder gesehen. Sie war nach wie vor beschwerdefrei und konnte ihrer normalen Arbeit ungehindert nachgehen.

Herr C. ist Kapitän eines Bezirks-Cricket-Clubs. Seit Anfang Februar konnte er den Ball nicht mehr werfen, und jetzt schrieben wir Mai. Man hatte ihm von allen Seiten gesagt, an seinem Nacken sei etwas nicht in Ordnung, weil er den Arm beim Werfen nicht drehen konnte, außerdem hatte er fürchterliche Kopfschmerzen. Seit Februar hatten ein Osteopath, ein Physiotherapeut und ein Akupunkturspezialist versucht, ihn am Nacken zu behandeln.

Bei meiner ersten Sitzung mit ihm stellte ich fest, daß er am Hals, am Kopf und in der Rückenmitte empfindliche Punkte hatte, worüber er sehr überrascht war. Nach dieser ersten Behandlung fand er, daß sich sein Hals viel leichter bewegen ließ. Vier Wochen lang gab ich ihm dreimal in der Woche jeweils zwanzig Minuten Reflexzonen-massage. Zunächst waren er und der Physiotherapeut verwirrt, daß ich immer wieder einen Problembereich in der Rückenmitte fand. Dann untersuchte der Physiotherapeut den Rücken genauer und stellte fest, daß Herr C. in der Rückenmitte eine schwache Bandschei-be hatte – der Grund für die Halsbeschwerden und Kopfschmerzen.

Als er sich wieder fit fühlte, begann er langsam mit dem Training. Drei Wochen nach Beginn der Behandlungen bei mir nahm er zum ersten Mal wieder an einem Punktspiel teil und spielte ganz ausge-zeichnet – seine Leistungen wurden in allen Zeitungen gelobt.

Ohne Reflexologie hätte man das Problem vielleicht nie gefunden und gelöst. Jetzt weiß der Physiotherapeut, wo er massieren muß; anstatt sich auf den Nacken zu konzentrieren, massiert er überwie-gend den Rücken. Bis jetzt sind bei Herrn C. keine Beschwerden mehr aufgetreten.

Eine ältere Frau kam mit Knochenentzündung (Osteoarthritis) zu mir. Außerdem war ihr rechtes Fußgelenk stark beschädigt, sie hatte es sich gebrochen gehabt, und es war immer noch blutunterlaufen und ließ sich nicht bewegen. Weiter hatte sie eine Form von Diabetes und nahm Tabletten dagegen. Ein paar Wochen lang kam sie zwei-mal wöchentlich zu kurzen fünfzehnminütigen Reflexzonenmassa-gen, und jedesmal hatte sie schwierige Folgereaktionen. Schließlich aber konnte ich sie länger und in größeren Abständen massieren. Außerdem gab ich ihr Badezusätze und eine Körperlotion mit ätheri-schen Ölen. Schließlich fanden wir eine Mischung, die sofort wirkte. Kampfer, Rosmarin und Eukalyptus. Gleichzeitig stellte sie ihre Ernährung auf ein Säure-Basen-Gleichgewicht um.

Heute ist der Bluterguß an ihrem rechten Knöchel verschwunden, und sie kann ihn viel besser bewegen. Ihre Arthritis ist zurückgegan-gen, und sie fühlt sich insgesamt sehr wohl. (Einmal sagte sie nach einer Reflexzonenmassage, sie fühlte sich so wohl, daß sie einfach losrennen könnte!). Auch ihre Diabetes ist zurückgegangen, sie nimmt jetzt nur noch eine reduzierte Tablettendosis.

Einer meiner Patienten, ein älterer Mann, hatte Krebs im fort-geschrittenen Stadium an Knochen und Prostata, außerdem Arthritis und Bluthochdruck. Gegen den Krebs und den hohen Blutdruck nahm er Medikamente, außerdem täglich 500 mg Aspirin.

Ich wußte zunächst nicht, ob ich ihm irgendwie helfen könne. Er sah das ein, wollte es aber trotzdem versuchen. Bei der Untersuchung der Reflexe stellte ich fest, daß sein ganzer Körper im Ungleichgewicht war, also begann ich vorsichtig mit einer Reflexzonenbehandlung – zweimal wöchentlich je zehn Minuten. Gleich nach Beginn der Behandlung ließ er das Aspirin weg. Nach drei Monaten nahm er auch keine Medikamente mehr gegen hohen Blutdruck, weil sein Arzt diesen jetzt für normal befunden hatte (er ist übrigens normal geblieben). Seit Beginn der Behandlung hat er kein einziges Aspirin mehr genommen.

Die meisten der Krebsmedikamente hat der Arzt inzwischen auch abgesetzt. Er hat zwar noch Schmerzen, aber sie sind weit geringer als früher; früher brauchte er einen Stock zum Gehen, heute nicht mehr. Er hat kräftig zugenommen und sieht recht munter und fit aus. Es geht ihm seinem Alter entsprechend immer besser.

Außer der Reflexzonenbehandlung haben auch andere Dinge zu dieser Veränderung beigetragen: ich habe ihm ein Aromatherapieöl gegen seine Schmerzen gemischt, außerdem ein Badeöl. Er hat sich auf eine Diät mit Säure-Basen-Gleichgewicht umgestellt und nimmt ein sehr gutes Multivitaminpräparat und täglich zwei Gramm Vitamin C.

Eine andere Patientin kam sehr nervös und angespannt zu mir, obwohl sie keine offensichtliche Krankheit hatte. Ich hielt Aromatherapie für angebracht, also behandelte ich sie mit allen Methoden der Aromatherapie. Dabei verwendete ich beruhigende Öle.

Noch lange danach fühlte sie sich wesentlich entspannter. Wenn sie jetzt in den alten Zustand zurückzugleiten fürchtet, kommt sie sofort zu mir und nimmt eine Aromatherapiemassage.

Eine Patientin kommt etwa alle sechs Wochen zur Aromatherapie zu mir. Die Aromatherapie hält alle ihre Schmerzen und Wehwehchen ein paar Wochen lang in Schach und vermittelt ihr allgemeines Wohlbefinden. Zwischen den Behandlungen benutzt sie ein Aromatherapiebadeöl aus denselben Ölen, die ich auch bei der Massage benutze.

Eine andere Frau sehe ich immer nur dann, wenn sie sich durch bestimmte persönliche Probleme sehr niedergeschlagen fühlt. Bei Bedarf (etwa alle drei Monate) gebe ich ihr Reflexzonenmassagen.

*   *   *

Bericht von June Ronald, die in Milngavie bei Glasgow Aromatherapie praktiziert (die Fallgeschichten wurden von ihrem Mann geschrieben):

Frau A. hatte seit Jahren Beschwerden an Stirn- und Nebenhöhlen. Ihr Hausarzt hatte auf verschiedene Arten versucht, ihr zu helfen - Medikamente, Sprays und in letzter Zeit auch durch Nebenhöhlenspülungen. Schon nach einer einzigen Aromatherapiebehandlung verspürte sie große Erleichterung. June hat ihr erklärt, wie sie die ätherischen Öle auch zuhause benutzen kann, seitdem fühlt sie sich besser als in den ganzen letzten Jahren.

Frau B. litt seit Jahren unter Schlaflosigkeit und nahm regelmäßig Tranquilizer. Nach einer Aromatherapie schlief sie in der darauffolgenden Woche jede Nacht ruhig durch – ohne Drogen.

Frau C. hatte ein nicht allzu großes Übergewicht, das vorwiegend in Form von Zellulitis auftrat. Nach einer Serie von Aromatherapiebehandlungen waren die Zellulitis und folglich auch ihr Gesamtgewicht erheblich zurückgegangen.

Frau D., 36 Jahre, hatte seit sechs Monaten keine Blutungen mehr gehabt. Die monatlichen Schmerzen und Depressionen traten allerdings dennoch auf, und sie hatte zugenommen. Ihr Hausarzt hatte gesagt, das hinge mit der Menopause zusammen. June hingegen diagnostizierte Stauungen und Blockaden. Nach einer Aromatherapiebehandlung trat schon am folgenden Tag die Periode ein. In der Folge verschwanden auch die anderen damit verbundenen Probleme schnell.

Frau E., 22 Jahre, kam drei Wochen vor ihrer Hochzeit in Behandlung – sie wurde mit den neuen Belastungen nicht fertig. Nach zwei Aromatherapiesitzungen sah sie viel besser aus und fühlte sich wesentlich stabiler. Als der große Tag kam, war sie dann ganz „strahlende Braut".

Frau F. litt unter Schmerzen an der rechten Körperseite. Der Hausarzt hatte nichts Besseres als schmerzstillende Medikamente zu bieten. June stellte fest, daß die Nieren gestört waren. Sie riet der Klientin, viel Wasser zu trinken, und nach ein paar Aromatherapiesitzungen hatten die Schmerzen beträchtlich nachgelassen.

Bericht von Jackie Robertson und Brenda Etherington vom Nordic Health and Sauna Centre, Whitley Bay, Tyne and Wear:

Name: Frau L.

Diagnose: Die Klientin leidet wegen Streß bei der Arbeit unter sehr starker Anspannung, im Lendenwirbelbereich hat sie Muskelschmerzen, weil sie sich bei der Arbeit den ganzen Tag bücken und schwere Gegenstände heben muß. Da sie viel raucht, leidet sie unter Blutstau (Kongestion) am Rücken, besonders im Bereich der Lungen. Außerdem leidet sie unter Krämpfen und hat eine extrem trockene Haut, besonders an den Händen, die durch ihre Arbeit als Floristin den ganzen Tag naß sind.

Behandlung: Die Kundin kam zunächst alle zwei Wochen, heute einmal im Monat.

Verwendete Öle: Wacholder, Lavendel, Sandelholz (mit Zusatz von Avocadoöl für schnelleres Eindringen und Nährstoffzufuhr für die Haut).

Ergebnisse: Nach der ersten Behandlung sagte die Kundin, sie fühlte sich, als sei ein schweres Gewicht von ihren Schultern und ihrem Kopf genommen worden, sie sei sehr ausgeruht und entspannt. Bei ihrer zweiten Behandlung hatte sie vorher viele Überstunden machen müssen, und ihr ganzer Körper tat weh. Als ich mich bei der Massage ausführlicher mit Knien und Händen befaßte, sagte sie, daß diese Stellen danach nicht mehr wehtaten. Wir gaben ihr Cremes und Öle, die sie zuhause benutzen kann (vor allem gegen trockene Haut und Krämpfe). Ihr allgemeines Wohlbefinden hat sich sehr gebessert, und sie ist bei der Arbeit entspannter.

Name: Frau M.

Diagnose: Schlechte Durchblutung und Stauungen im Lendenwirbel-bereich, besonders auf der rechten Seite, Arthritis in der rechten Hüfte. Aufgrund der arthritischen Schmerzen konnte die Kundin nachts nie richtig entspannt durchschlafen. Sie strickt sehr gern und hat seit Jahren Verwandte und Bekannte mit Selbstgestricktem versorgt. Wegen Rheumatismus in den Handgelenken hatte sie lange nicht mehr gestrickt. Außerdem litt sie unter migräneartigen Kopf-schmerzen. Grund dafür war, wie sich herausstellte, ihre Brille.

Behandlung: Drei Wochen lang einmal wöchentlich, jetzt einmal im Monat.

Verwendete Öle: Eukalyptus, Rosmarin, Salbei.

Ergebnisse: Allgemeines Wohlbefinden und Gesundheitszustand deutlich erholt. Der Zustand der rechten Hüfte hat sich wesentlich verbessert, die Klientin kann jetzt viel öfter durchschlafen, und die Hüfte und das Bein lassen sich viel leichter bewegen. Auch das Stricken fiel ihr leichter, da die rheumatischen Schmerzen in den Händen zurückgingen. Sie hat beobachtet, daß ihre Hüfte bei kaltem und feuchtem Wetter stärker schmerzte, deshalb gaben wir eine Creme nach Hause mit. Seitdem hat sie mit der Hüfte keine Be-schwerden mehr.

Name: Herr M.

Diagnose: Herr M. hat sich das Knie heftig gestoßen, so daß es anschwoll, an Beweglichkeit verlor und ihm Schwierigkeiten machte. Außerdem Schmerzen am ganzen Rücken, besonders in der Lenden-wirbelregion, von denen er zunächst angenommen hatte, sie hingen mit seiner Arbeit zusammen. Dann aber stellte sein Arzt fest, daß er die „Shermansche Krankheit" hat, für die bis jetzt keine Heilung bekannt ist. Wegen seiner Arbeit und der Rückenschmerzen war Herr M. insgesamt sehr angespannt. Seit seiner Kindheit litt er unter Neben- und Stirnhöhlenbeschwerden. Da er beruflich oft nachts reisen mußte, litt er unter Schlaflosigkeit und überanstrengten Au-gen.

Verwendete Öle: Salbei, Wacholder, Lavendel, Jasmin.

Ergebnisse: Zu Beginn der Behandlung war Herr M. sehr verkrampft und konnte sich nicht entspannen. Doch nachdem wir ihn ganz sanft beruhigt hatten, wurde er auf einmal so entspannt, daß man ihn wie eine Marionette bewegen konnte. Schon bald verspürte er große Erleichterung im Rückenbereich, und die Schwellung in seinem Knie ging zurück. Außerdem atmete er leichter. Wir gaben ihm Öle und Cremes mit nach Hause. Er benutzt jetzt ein Badeöl und allabendlich eine Körperlotion für seinen Rücken. Es geht ihm jetzt wesentlich besser, seine Schmerzen sind viel weniger geworden und er kann besser arbeiten. Außerdem benutzt er eine Creme gegen seine Stirn- und Nebenhöhlenbeschwerden und atmet jetzt viel leichter.

*   *   *

Nützliche Adressen

Wegen Informationsmaterial über Aromatherapiekurse wenden Sie sich an:
Shirley Price,
Sketchley Manor,
Burbage,
Leicestershire LE 10 2 LQ

Ätherische Öle und Essentia-Hautpflegeprodukte erhalten Sie von:
Shirley Price Aromatherapy,
Wesley House,
Stockwell Head,
Hinckley,
Leicestershire LE 10 1RD

Ätherische Öle liefert:
HOF,
The Grange
Beeston Green
Sandy
Beds

Export von ätherischen Ölen und Hautpflegeprodukten:
Alanese Ltd
21 Bell Alley,
Leighton Buzzard,
Bedfordshire,
LU7 7DJ

Register

181

184

Weitere Titel der Urania Verlags AG

Gurudas, Heilung durch die Schwingung der Edelsteinelixiere I

Umfassend und detailliert werden in diesem Werk die vielfältigsten Möglichkeiten des Umgangs mit edlen Steinen und Edelsteinelixieren praktisch vorgestellt. Schritt für Schritt erfährt der Leser Grundlegendes und Wissenswertes über die Zubereitung, Reinigung und Verwendung von Edelsteinelixieren und ihre speziellen Eigenschaften und Wirkungsweisen. In übersichtlichen Tabellen werden unter anderem die Wirkung der Edelsteinelixiere auf seelische Zustände, auf den physischen Körper, auf Chakren und den feinstofflichen Astralleib vorgestellt. Durch "Heilung mit der Schwingung der Edelsteinelixiere" erschließt sich dem Leser die Welt der subtilen Energien, und wie diese segensreich eingesetzt werden können.

Buch 500 Seiten, ISBN 3-908644-60-7

Gurudas, Heilung durch die Schwingung der Edelsteinelixiere II

Dieses Buch unterscheidet sich von anderen auf dem Markt befindlichen Texten über Edelsteintherapie durch seine Einführung in neuestes, bisher nicht verfügbares Forschungsmaterial. Der Autor hat die vorliegenden Informationen überwiegend aus seiner Arbeit mit zwei "Channels" erhalten. Das gechannelte Material wird sorgfältig erläutert und durch zahlreiche Fußnoten und Kommentare ergänzt. Gurudas führt Sie in diesem Nachschlagewerk unter anderem in folgende Forschungsbereiche ein: Musik aus natürlichen Quarzkristallen, neue Daten über die sieben Strahlen, Bädertherapie und Edlesteine, die Erde als lebendiges Wesen, u.v.a.

Buch 309 Seiten, ISBN 3-908644-61-5

Weitere Titel der Urania Verlags AG

Ingrid Kraaz/Wulfing von Rohr, Original-Bachblüten-Farbkarten

Die Bachblüten-Farbkarten erlauben einen direkten, intuitiven Zugang, ein unmittelbares Erfassen dessen, worum es bei jeder Art von Heilung und Gesundheit geht: Die richtige Schwingung! Das Wirkprinzip ist die Gleichzeitigkeit von geistiger und gefühlhafter Ausrichtung des Menschen auf ein bestimmtes Problem, eine Frage oder ein Thema und auf die in diesem besonderen Augenblick erfolgende Auswahl einer oder mehrerer Karten. Der bedeutende Tiefenpsychologe C.G. Jung nannte die Art der Sinnverknüpfung "Synchronizitätsprinzip".

Original-Bachblüten-Farbkarten, Set (Buch + Karten) ISBN 3-905021-20-X
Original-Bachblüten-Farbkarten, 77 Karten ISBN 3-905021-14-5
Original-Bachblüten-Farbkarten, Büchlein, 99 Seiten, ISBN 3-905021-15-3

Dr. med. Rüdiger Dahlke,
Bewusst fasten, Ein Wegweiser zu neuen Erfahrungen

In dieser dritten, wesentlich erweiterten Auflage, wurde das Buch vom Autor überarbeitet und noch zusätzliche Kapitel hinzugefügt. Damit legt der Autor die Betonung noch stärker auf die spirituelle Seite des Fastens, denn dies ist das Thema, um das es ihm geht. Es ist ein sehr empfehlenswertes Buch, das neben dem spirituellen Aspekt, fußend auf dem Text des Essener-Evangeliums, auch äußersten Wert auf die Praxis legt. Es enthält eine genaue Anleitung zur selbständigen Durchführung einer Fastenkur mit detaillierten Rezepten, Ratschlägen und eventuellen Vorsichtsregeln. Fasten ist mehr als nichts essen, hier geht es weniger um Hungerkuren oder Diäten zum Schlankwerden, sondern um Fasten als Exerzitium, das über die Leiblichkeit hinaus Türen zu unentdeckten Bereichen des Bewußtseins zu öffnen vermag.

Buch, 142 Seiten, ISBN 3-908644-68-2

Weitere Titel der Urania Verlags AG

Aleister Crowley, Das Buch Thoth (Aegyptischer Tarot)

Aleister Crowley gilt in vielen Kreisen als der Schattenmagier schlechthin. In der schillernden Welt des Obskurantismus hat es auch wohl kaum jemanden wie ihn gegeben, der so erfolgreich die dunklen Seiten des Daseins ins Licht zu rücken vermochte. Egal welchem Lager der Meinung, oft genug aus zweiter Hand kommend, man sich zugesellt, dieses Werk über den Tarot ist mit Sicherheit eines der einzigartigsten Grundlagenwerke des Tarot von einem der eigenwilligsten und intelligentesten Vertreter der Esoterik.

Buch, 278 Seiten, ISBN 3-908644-73-9

Jean Freer, Tarot der Frauen

Diese erste feministische Interpretation des Tarot aus Großbritannien zeigt die Praxis des Tarotspiels und wie unmittelbar daraus Hilfestellungen für die Herausforderungen des täglichen Lebens abgeleitet werden können. Die angewandten Techniken weisen auf Möglichkeiten zur geistigen Entwicklung und Persönlichkeitsbildung hin.
Das "Neue Tarot der Frauen" enthält Hinweise und Vorschläge zur Ausbildung psychischer und magischer Fähigkeiten, die auf Gewaltlosigkeit und menschlicher Wärme beruhen. Im gesamten Text werden grundlegende okkulte Techniken auf ihre Bedeutung angesichts aktueller politischer und sozialer Veränderungen hin untersucht. Für alle, die die frauenbezogenen Aspekte des Heilens und Pflegens zum persönlichen Schutz oder dem des Planeten kennenlernen oder weiterentwickeln wollen, bietet Jean Freer eine ideale politische Orientierung.
Dieses Buch richtet sich nicht nur an Feministinnen oder erfahrene Tarotspieler, sondern an alle, die sich für die Entwicklung ihrer eigenen Persönlichkeit und das Wohlergehen des Planeten interessieren, auf dem wir leben.

Buch, 176 Seiten, ISBN 3-908644-70-4

Günter A. Hager, Tarot - Wege zum Leben

Der Name "Arcus Arcanum" lässt sich aus dem Lateinischen frei übersetzen als "Bogen der Geheimnisse". Dabei steht die Symbolik des Bogens für die Verbindung zweier Pole oder Seiten, wie dazu entsprechend der Tarot eine Brücke vom Unbewussten ins Bewusste darstellt.
In diesem Tarot ist jedes Bild zu einer Gesamtkomposition ausgearbeitet worden und ist durch seine Gestaltung auch besonders für den meditativen Gebrauch geeignet.

Set (Buch + Karten) ISBN 3-908646-01-4
Arcus Arcanum, 78 Karten ISBN 3-905021-31-5
Wege zum Leben, Buch, 195 Seiten, ISBN 3-908644-59-3

Weitere Titel der Urania Verlags AG

Betty Lundsted, Planetenzyklen

Dieses Buch zeigt, in welcher Weise Planetenzyklen auf den Prozeß der persönlichen Entwicklung Einfluß nehmen. Die zyklische Natur all unserer Erfahrungen wird mit der Astrologie deutlich - sie macht die Anzeichen für Krisen und Veränderungen im Leben sichtbar. Jeder Planet (jeder Aspekt unserer Persönlichkeit) hat seinen eigenen Zyklus, durchläuft alle Aspekte zu seiner Geburtsposition und kehrt schließlich dorthin zurück. Mit jedem Aspekt, bzw. Zyklus, wird eine neue Facette des Bewußtseins geschlossen, die dem Menschen zum Wachstum und in eine neue Phase des Lebensplanes drängt. Die zyklische Bewegung kann als Indikator für Zeiten des Streß und des Wachstums benutzt werden, sie hilft Astrologen bei der Beratung ihrer Klienten und hilft Studierenden, die persönliche Motivation bei Veränderungsprozessen zu verstehen.

Das Buch gibt einen Überblick auf die Zyklen der Selbstverwirklichung, Reifung, Transformation und Individualisation und zeigt, wie diese Prozesse durch die Panetenzyklen beeinflußt werden.

Dann behandelt es die Stadien der persönlichen Entwicklung mit besonderem Gewicht auf kritische Jahre in den Planetenzyklen. Man wird ermuntert, diese Krisen als Gelegenheiten zur Entwicklung und Transformation zu begreifen. Schließlich werden Beispiel-Horoskope vorgestellt - als Hilfe für die Berücksichtigung der Zyklen in der astrologischen Beratung.

Buch 200 Seiten, ISBN 3-921960-17-7

Betty Lundsted, Transite

Das Geburtshoroskop und dessen Deutung ist die eine Seite der Astrologie, nämlich die Struktur der Persönlichkeit, die immerwährend - ein Leben lang - Bestand hat, etwas ganz einzigartiges darstellt. Transite dagegen sind die Positionen aktueller und zukünftiger Planetenstände in Bezug auf das Geburtshoroskop.

Betty Lundsted schreibt diese sehr innovative Betrachtung zur Nutzung der Transite für das persönliche Wachstum zur Ausschöpfung von Entwicklungsperioden und - was am wichtigsten ist - um jedem Einzelnen durch die periodisch wiederkehrenden Krisen des Lebens hindurchzuhelfen.

Das außergewöhnliche an diesem System: Es funktioniert, ganz gleich, ob man Klienten kennt oder nicht. Mittels der Transite kann man Prognosen für Höhen und Tiefen, Entscheidungshilfen etc. für die Zukunft geben.

Wer seine Transite kennt, kann dem rechten Teil seiner Persönlichkeit zum richtigen Zeitpunkt zum Ausdruck verhelfen, sich im Rahmen seiner vorgegebenen Wesensmerkmale optimal zu entwickeln.

Buch 184 Seiten, ISBN 3-921960-18-5

Weitere Titel der Urania Verlags AG

Rowena Pattee, Leben im Wandel

Leben im Wandel bietet eine Essenz der alten chinesischen Weisheit des I Ging. Diese Darstellung richtet sich direkt an die Erfahrungen moderner Frauen und Männer. Rowena Pattee geht davon aus, dass wir in einer Welt ständig schneller werdender Veränderungen leben und zeigt uns einen Weg, wie wir uns harmonisch und schöpferisch mit dem Wandel bewegen können. Mit diesem Set wird der Einstieg in die praktische Arbeit mit dem I Ging für Anfänger und Fortgeschrittene ermöglicht. Es ist praxisbezogen und wirkt ermutigend. Sein besonderes Verständnis des Wesens weiblicher -Yin- und männlicher -Yang- Kräfte hilft uns, persönliche Probleme zu erkennen und zu lösen.

I Ging Set, (Buch + Karten) ISBN 3-908646-03-3

Leben im Wandel, Buch, 319 Seiten, ISBN 3-908644-57-7

Ralph Tegtmeier, Runen-Alphabet der Erkenntnis

Runen - ein Alphabet der germanischen bzw. nordischen Volksstämme. Runen - ein Symbol von Weisheiten und Kräften, für die die Runenzeichen nur ein Ausdruck sind.
Dieses Buch möchte Ihnen ein Angebot machen, das im Zusammenhang mit der sonst üblichen Vermittlung von Runenwissen zunächst vielleicht etwas ungewöhnlich anmutet: Sie können hier die Runen auf ganz unbekümmerte Weise selbst erforschen, völlig unabhängig von den Deutungsversuchen selbsternannter "Meister" und "Runenpriester". Sie werden entdecken, dass die Runen Ihnen einen ganzen Kosmos neuer Bilder und Kräfte, Erkenntnisse und Handlungsmöglichkeiten erschliessen können.

Buch, 144 Seiten, ISBN 3-908644-52-6

Weitere Titel der Urania Verlags AG

Edred Thorsson, Handbuch der Runen-Magie

"Runen verkörpern die größten und kleinsten Geheimnisse der Natur, und sie selbst sind der Schlüssel dazu - denn eigentlich sind sie selbst diese Geheimnisse".

In diesem Buch vermittelt uns der Autor eine Neu-Einweihung in unser Erbe und erklärt die Mysterien der Weltanschauung und der Rituale einer tiefgründigen Lehre, die den Grundstein unserer in Entwicklung begriffenen, westlichen Kultur bildet. "Handbuch der Runenmagie" beinhaltet sowohl das spirituelle Erbe uralter Runenweisheit als auch die paraktischen Schritte, die wir zur Erlangung runischer Macht setzen können.

Dieses vollständige Lehrbuch der Runen umfaßt die Runengeschichte und die Runenlehre, ihre metaphysischen und mystischen Grundlagen, ausführliche Erklärungen der 24 Runen des ältesten Futhark und die Etymologie, den phonetischen Wert und die Interpretation jeder einzelnen Rune. Dem Leser werden Hinweise für runische Meditationen gegeben, außerdem wird der Einsatz runischer Energie, magischer Werkzeuge und Gewänder bei der Durchführung von Gesängen und Ritualen sowie das Zeichnen und Senden von Runen genau erklärt.

Der Autor präsentiert diese machtvolle Lehre klar und ausführlich und bietet damit eine wertvolle Chance spiritueller Transformation und Entwicklung des Selbst.

Buch 168 Seiten, ISBN 3-921960-50-9

Edred Thorsson, Runenkunde, Ein Handbuch der esoterischen Runenlehre

In diesem Buch von Edred Thorsson werden die intellektuellen Aspekte der Runen erforscht - ihre Geschichte, ihre Entwicklung und ihre esoterischen Zusammenhänge. Es werden die neuesten und besten wissenschaftlichen Erkenntnisse weltweiter Runenforschung in ein System lebendiger Philosophie und Praxis integriert.

Die Runen und die Ideologie, die sie umspannen, können einer Vielzahl von Zielen dienen, sowohl durch "direkte", d.h. magische Mittel als auch durch intellektuelle. Im magischen Bereich dient die Runenarbeit unter anderem der persönlichen Transformation, der Erschaffung eines erweiterten Bewußtseins.

Im intellektuellen Bereich können Runenweisheiten als geistiges Gerüst dienen, um die Entwicklung einer neuen Philosophie zu fördern, die in einer mächtigen Metasprache ihren Ausdruck findet. Die diesem Buch zugrundeliegende Methode geht von Intuition aus, untermauert durch wissenschaftliche Fakten.

Buch ca. 218 Seiten, ISBN 3-908644-64-X